竞技体育运动训练与可持续发展研究

李苗苗 ◎著

中国书籍出版社
China Book Press

图书在版编目 (CIP) 数据

竞技体育运动训练与可持续发展研究 / 李苗苗著
. -- 北京：中国书籍出版社，2023.11
ISBN 978-7-5068-9682-5

Ⅰ. ①竞… Ⅱ. ①李… Ⅲ. ①竞技体育 - 体育事业 - 发展 - 研究 - 中国 Ⅳ. ① G812

中国国家版本馆 CIP 数据核字（2023）第 233228 号

竞技体育运动训练与可持续发展研究

李苗苗　著

丛书策划	谭　鹏　武　斌
责任编辑	张　娟　成晓春
责任印制	孙马飞　马　芝
封面设计	博健文化
出版发行	中国书籍出版社
地　　址	北京市丰台区三路居路 97 号（邮编：100073）
电　　话	（010）52257143（总编室）　（010）52257140（发行部）
电子邮箱	eo@chinabp.com.cn
经　　销	全国新华书店
印　　厂	三河市德贤弘印务有限公司
开　　本	710 毫米 × 1000 毫米　1/16
字　　数	210 千字
印　　张	12.75
版　　次	2024 年 5 月第 1 版
印　　次	2024 年 5 月第 1 次印刷
书　　号	ISBN 978-7-5068-9682-5
定　　价	86.00 元

版权所有　翻印必究

目 录

第一章 竞技体育运动训练的学科理论基础 …………………… 1
    第一节 运动生理学基础 …………………………………… 2
    第二节 运动心理学基础 …………………………………… 7
    第三节 运动训练学基础 …………………………………… 17
    第四节 运动生物力学 ……………………………………… 23
    第五节 运动生物化学 ……………………………………… 26

第二章 竞技体育运动训练的理论与方法 …………………… 29
    第一节 竞技体育运动训练的科学理念 …………………… 30
    第二节 竞技体育运动训练的基本原理 …………………… 36
    第三节 竞技体育运动训练的原则与方法 ………………… 42
    第四节 竞技体育运动训练计划的制订 …………………… 50
    第五节 竞技体育运动训练管理 …………………………… 58
    第六节 竞技体育运动训练的创新与发展 ………………… 63

第三章 常见竞技体育运动项目训练实践 …………………… 69
    第一节 田径运动训练 ……………………………………… 70
    第二节 球类运动训练 ……………………………………… 89
    第三节 格斗对抗运动训练 ………………………………… 113

第四章 我国竞技体育可持续发展战略 ……………………… 120
    第一节 竞技体育可持续发展释义 ………………………… 121
    第二节 我国竞技体育发展现状与影响因素 ……………… 122
    第三节 我国竞技体育可持续发展战略的制定 …………… 128

  第四节 我国竞技体育可持续发展的战略对策……………131

第五章 我国竞技体育后备人才培养的可持续发展……… **135**

  第一节 竞技体育后备人才培养理论……………………136
  第二节 竞技体育后备人才文化素质培养…………………138
  第三节 竞技体育后备人才竞技能力培养与训练…………141
  第四节 我国竞技体育后备人才培养的可持续发展对策……163

第六章 我国竞技体育产业的可持续发展……………………… **172**

  第一节 竞技体育产业的基本理论…………………………173
  第二节 我国竞技体育产业的发展现状分析………………174
  第三节 竞技体育服务业经营管理…………………………175
  第四节 职业体育服务业的市场运营………………………179
  第五节 我国竞技体育产业可持续发展的策略……………182

第七章 可持续发展视域下我国竞技体育与
    其他体育事业的协同发展……………………………… **185**

  第一节 竞技体育与学校体育、群众体育的关系…………186
  第二节 我国竞技体育与学校体育的协同发展……………188
  第三节 我国竞技体育与群众体育的协同发展……………190

参考文献………………………………………………………………… **194**

第一章
竞技体育运动训练的学科理论基础

任何事物的发展都有特定的规律,只有深刻认识规律、全面掌握规律并严格遵循规律,才能达到事半功倍的效果。同样的道理,在竞技体育运动训练过程中,教练员与运动员只有掌握相关的运动学科知识,包括运动生理学、运动心理学、运动训练学、运动生物力学、运动生物化学等,才能使竞技体育运动训练的实施更科学、有效,从而切实提高竞技体育运动训练的效果与水平。这些相关学科知识是体育运动训练的重要理论基础,对这些学科知识进行研究能够为体育运动训练提供基础指导。

第一节 运动生理学基础

一、人体运动的氧运输系统

（一）需氧量

需氧量指的是维持人体正常生理活动的氧量,身体健康的人在安静状态下每分钟需氧量是250毫升。

在竞技体育运动训练中,训练内容、训练时间以及训练强度等都会影响运动员的需氧量,基本规律是需氧量随运动强度的增加而增加。对于运动员来说,要想不断提高训练水平和竞技能力,就需要在竞技体育运动训练中不断提高运动量与运动负荷,而随着运动强度的增加,机体需氧量也会随之增加,此时如果氧气供应不足,就容易出现氧亏现象,从而影响正常训练。

（二）最大吸氧量

最大吸氧量是运动员最大有氧代谢能力的直接反映,同时也是判断运动员氧运输系统功能强弱和有氧工作能力的重要标志。最大吸氧量指的是在需要大量肌肉群参加的力竭性运动中,当氧运输系统中的心泵功能和肌肉的用氧能力达到本人最大极限时,人体单位时间内摄取的氧量。

运动员的最大吸氧量受诸多因素影响,其中年龄、性别、遗传及运动训练因素的影响比较明显,这些因素是显性因素。除此之外,还有一些潜在的隐性因素也会影响人的最大吸氧量,如呼吸、肌肉代谢等,这些潜在因素更确切地说是限制因素,因为它们对最大吸氧量的影响主要是限制性影响。

最大吸氧量有两种测定方法,分别是直接测定和间接推算。直接测定主要在实验室进行,需要让受试者完成跑台跑步、蹬踏功率自行车或台阶试验来进行测定。因为直接测验法要求受试者在运动时达到力竭程度,因此具有一定的危险性,为了避免发生危险,可采用间接推算法,主要是参考瑞典学者 Astrand～Ryhmin 提出的列线图法。该方法虽然同样需要进行台阶试验和功率自行车运动测验,但危险性相对较小。

二、能量代谢系统

人体活动时,主要依靠磷酸原系统(ATP-PC)、糖酵解系统和氧化系统三种供能方式获得机体所需的充足能量,这三种供能方式的供能特点如图 1-1 所示。

(一)磷酸原系统(ATP-PC)

由于人体骨骼肌中只有少部分三磷酸腺苷,所以在大强度运动中,骨骼肌能量短时间就会完全消耗,磷酸肌酸也会快速减少一半左右,在极限强度运动中,机体能量可能会完全消耗。在开始运动前 2 秒内,磷酸肌酸供应的三磷酸腺苷最多,第 10 秒时供应能力下降一半,到第 30 秒,供应能力明显减弱。当磷酸肌酸分解三磷酸腺苷的量变少,供能能力下降时,糖酵解系统就开始发挥主要供能作用。

在短时间极限运动训练中,磷酸原系统作为主要供能系统,在供能的同时也快速补充能量(三磷酸腺苷和磷酸肌酸),保持供能能力。通常,三磷酸腺苷在运动后半分钟就能恢复一半以上,运动后 5 分钟左右可完全恢复。相对来说,磷酸肌酸的恢复时间比三磷酸腺苷长,完全恢复约需 8 分钟。有氧代谢是磷酸原系统恢复供能的主要方式,还有部分储备的恢复主要源于糖酵解系统。

图 1-1　运动能量来源[①]

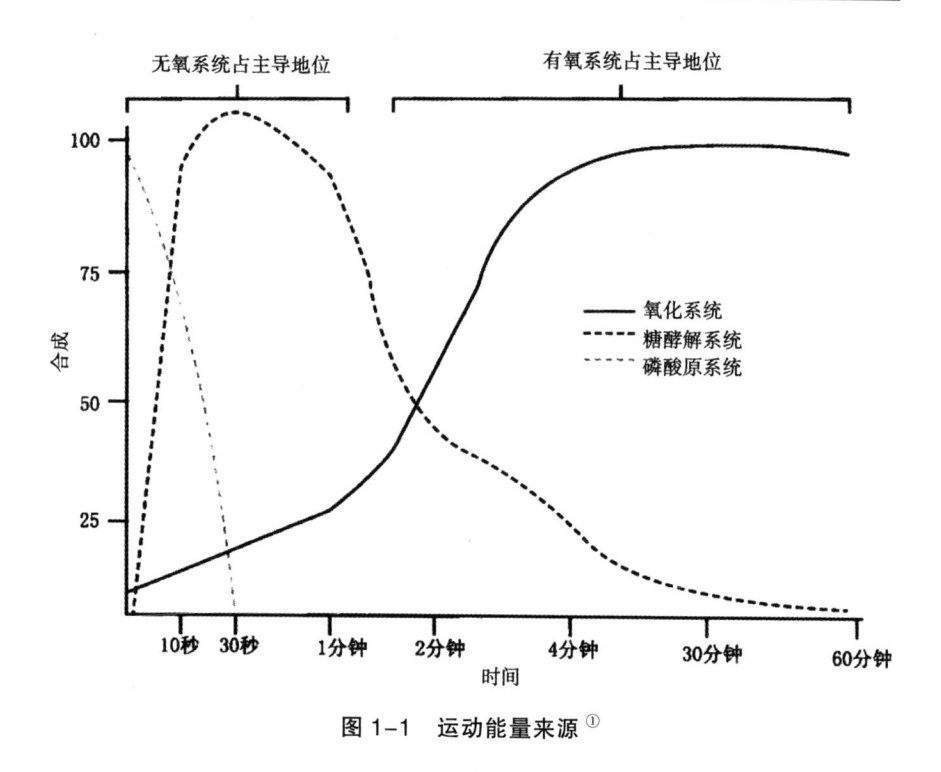

（二）糖酵解系统

糖酵解系统持续供能时间比磷酸原系统长,主要方式是利用血糖和肌糖原生成三磷酸腺苷。在运动初始阶段,糖酵解系统通过快速糖酵解供给三磷酸腺苷,运动持续 2 分钟后,糖酵解系统通过慢速糖酵解供给三磷酸腺苷。快速糖酵解会生成乳酸,进而转化为乳酸盐。当糖酵解反应快速发生时,影响乳酸转化为乳酸盐的能力,使乳酸堆积,造成疲劳,影响训练。在高强度、重复多、间歇短的训练中常常出现乳酸堆积现象,这就对机体能量供给速度提出了较高要求。运动持续一定时间后,快速糖酵解供应转变为慢速糖酵解供应。

[①] 杨桦,李宗浩,池建.运动训练学导论[M].北京:北京体育大学出版社,2007.

（三）有氧供能系统

有氧供能系统是利用肌糖原和血糖生成三磷酸腺苷供应能量的,这是其与糖酵解系统的共同点。不同的是,有氧供能系统在有氧状态下供能,而糖酵解系统在无氧状态下供能。有氧供能系统利用糖原和葡萄糖分解供能,但糖原分解不会产生乳酸。另外,有氧供能系统除了通过糖原分解供能外,还能利用蛋白质、脂肪生成三磷酸腺苷来供能。在以有氧供能为主的运动中,运动强度决定了能量的利用,运动强度大,糖原消耗增加,糖有氧氧化产生的三磷酸腺苷成为主要能量来源。

三、血液循环

（一）气体交换

ATP能量的产生或再生都离不开氧气。要将空气中的氧输送到肌肉细胞中的线粒体内,实现ATP合成,必须通过呼吸系统和血液循环系统的合作。肺→肺部毛细血管→肺静脉→左心房→左心室→主动脉→各组织处毛细血管→组织细胞是氧气完整输送过程的主要路径。有关学者经过一系列的研究后总结出,空气中的氧气要顺利进入肌细胞线粒体,必须经过体内18层胞膜。一旦外界的氧气进入肺泡,就开始了第一阶段的气体交换,即氧气与血液中的二氧化碳在肺泡血管膜上交换。这一交换位置的主要作用是隔开肺泡中的氧气与肺泡微血管中的血。

第二阶段的气体交换主要发生在微血管膜上。从第一阶段到第二阶段的气体交换中,有很多不可避免的影响因素。影响较大的因素有以下几种：

（1）红细胞数目。
（2）肌肉中微细血管数目。
（3）血色素含量。
（4）微血管的密度等。

血液中氧气和二氧化碳的输送主要以两种方式实现,第一是与血液的化学组合,第二是在血液中溶解。其中,采用第一种输送方式的情况居多，也就是血液中的氧与血红蛋白发生化学结合后被输送。

从上述分析可知，血液循环系统是输送氧气的主要功能系统。血液循环系统内的心血管系统是一个封闭性的运输系统，组成该系统的成分主要有心脏、静脉、动脉及毛细血管。血液在心血管系统中的循环流动需要由心脏提供动力，在血液的不断循环中，氧气和大量的营养物质提供到各种细胞中，从而使细胞的生存有了基本保障，同时在血液循环中也将二氧化碳从细胞中带走，促进了细胞的健康生长。

（二）心血管系统功能特点

在运动训练实践中对运动员的心血管系统功能进行估算，可采用心率测量方法，同时对运动强度进行分析，这种方法简便易行，运用广泛。就每搏输出量和心率来看，优秀运动员与普通人的差异非常明显。通常，普通人在安静状态下，每搏输出量、心率分别为 70～80 毫升、65～80 次，而优秀运动员则是 100～110 毫升、50～60 次。同样在最大强度下，普通人和优秀运动员的每搏输出量分别可达到 120 毫升和 170 毫升。

血液分配在安静状态与运动状态下有明显的不同，尤其是最大强度运动下，这种差异更明显（表 1-1）。

以下两方面的生理因素会影响运动状态下血液分配的变化。

第一，肾、肝、皮肤等的动脉血管收缩而变细。

第二，供应骨骼肌的动脉血管和骨骼肌内毛细血管的扩张。

而且，带氧的血液能够输入人体骨骼肌内，正是这两种生理性变化影响的结果。

表 1-1　安静时和最大强度运动时的血液分配[①]

器官	安静时		运动时	
	%	立升/分	%	立升/分
骨骼	5	0.3	0.5	0.15
脑	15	0.9	4	1.2
心脏	5	0.3	4	1.2

[①] 赖爱萍．运动生理学基础[M]．杭州：浙江大学出版社，2012.

续表

器官	安静时 %	安静时 立升/分	运动时 %	运动时 立升/分
肾脏	25	1.5	2	0.6
肝脏	25	1.5	3	0.9
肌肉	15	0.9	85	25.5
皮肤	5	0.3	0.5	0.15
其他	5	0.3	1	0.3
合计	100	6.0	100	30.0

第二节 运动心理学基础

一、心理因素对竞技体育运动训练的影响

在竞技体育运动训练中,良好的心理因素发挥关键作用,运动员只有具备良好的心理素质才能更好地完成训练任务,达到训练目标,取得优异的成绩。

下面主要就智力、情绪及意志等心理因素对运动训练的影响进行分析。

(一)智力对运动训练的影响

人的身体活动能力会受到智力的影响,智力与身体活动能力的相关性会随着年龄的增长而减弱,但这种相关性不会消失,始终存在。在竞技体育运动训练中,运动员的记忆力是否精确、观察力是否敏锐、想象力是否丰富以及思维能力是否迅速等都会影响运动训练的效果。此外,有些运动项目极富表现力,如健美操、体育舞蹈等,在这些项目的训练中,运动员还需要具备良好的创造能力,从而提高动作表现力,提高训练水平。

（二）情绪对运动训练的影响

在竞技体育运动训练中，运动员是否具有活力、运动能力能否正常或超常发挥，直接受运动员情绪的影响。有些运动员情绪良好，所以精神饱满，能够全身心投入运动训练中，并坚持不懈地完成训练任务，挑战更好的成绩。而有些运动员在竞技体育运动训练中情绪低落，无精打采，提不起精神，也无法将注意力集中到完成训练任务上，所以总是无法正常发挥自己的运动水平，导致运动效果低下。

此外，某一运动员情绪低落可能还会影响到其他运动员的情绪，甚至会导致整个运动队精神不振。因此，教练员必须时刻注意运动员的情绪，积极进行开导，使运动员热情地投入到运动训练中，在欢乐融洽的氛围中进行训练。这有利于提高运动训练效果。

（三）意志对运动训练的影响

运动训练对培养运动员良好的意志品质非常有利，反过来，坚强的意志品质也会给运动训练带来积极的影响，主要表现在能够使运动员对动作技能的掌握更加熟练，促进运动员竞技能力和运动成绩的提高。

具体来说，意志因素对运动训练的影响主要体现在以下几个方面：

第一，运动训练的目的是提高运动员的运动水平，使其能够在比赛中取得优异的成绩。因此在竞技体育运动训练中必须不断增加运动强度，提高运动员的机体适应能力，从而使运动员获得并保持与比赛要求相符的运动能力。运动强度不断增加对运动员来说是一个挑战，只有具有坚强意志的运动员，才能不断挑战更高的训练难度，完成难度更大的训练任务，从而取得理想的训练效果。

第二，运动员需要将注意力高度集中于运动训练中，从而更好地完成练习动作，这就需要运动员在训练过程中克服内部刺激与外部环境的影响与干扰，而这离不开运动员的主观意志努力。

第三，运动员在竞技体育运动训练中难免会出现运动疲劳的问题。而疲劳会使运动员的运动情绪下降。如果运动员意志不坚定，就会因不良情绪的影响而无法坚持完成训练，只有意志坚强的运动员才能努力克服不良情绪，使自己以饱满的状态继续训练。

第一章　竞技体育运动训练的学科理论基础

二、竞技体育运动训练与心理健康

（一）竞技体育运动训练能够提高运动员智力水平

不管是日常生活，还是学习或工作，都需要具有一定的智力水平。人们对世界和社会的正确感知及认识都是建立在智力正常这一基础上的。心理健康也是以智力正常为前提的。运动员参与运动训练和比赛，需要具备一般智力和运动智力。

通过运动训练，可以促进运动员智力水平的提升，使其注意力、反应能力、记忆力、思维能力、想象能力等都得到锻炼与发展，还有助于稳定运动员的兴趣，培养运动员开朗的性格，这些非智力因素的改善又能促进运动员智力的进一步发展。

医学研究指出，人的右脑和左脑相比，信息容量更大，形象思维能力更强，运动训练可以锻炼运动员的右脑，促进其思维能力和记忆力的提升，这对其掌握运动技能具有重要意义。此外，运动训练对运动员呼吸系统、血液循环系统等身体系统的功能都有积极影响，这进一步将更多的养分输送给大脑，促进大脑思维能力、想象能力及工作效率的提升。

运动员经过运动训练，大脑兴奋过程和抑制过程的集中性更强，从而更加快速而准确地对刺激因素做出反应，这有助于进一步提高运动员的智力水平。

（二）竞技体育运动训练能够调节运动员情绪，消除其心理障碍

随着竞技体育的不断发展，运动员承受的压力越来越大，一些运动员不堪重负，出现心理障碍，主要表现为易怒、急躁、焦虑、抑郁等，症状严重的发展成心理疾病，这些心理问题属于情感性疾病，以情绪病理变化为主，和精神病不同。运动员面临着残酷的竞争压力，尤其是一些优秀的运动员，他们被全国人民甚至全世界人民寄予厚望，承受的压力非常大。为了取得更好的成绩，为国争光，不辜负他人的期望，运动员时刻保持着高度的进取心，而且这种心理越强烈，就越能感到压力感或压迫感，从而更容易出现心理疾病。运动员的心理障碍或心理疾病主要有三

个特征：一是情绪反应时间长，需要很长时间才能调整好情绪；二是程度严重，做出极端行为，甚至一些抑郁患者有自杀倾向；三是伴随不良生理反应，如消化功能减退、食欲不振、失眠等。运动员出现心理障碍严重影响正常训练和比赛，甚至会因此而结束运动生涯。而科学合理的、适宜强度的、丰富多样的运动训练能够帮助运动员消除心理障碍，治疗心理疾病，提高心理素质和心理健康水平。

首先，研究表明，人的不良情绪主要集中在左脑，而右脑是产生积极情绪的主要区域，运动员在运动训练过程中，右脑活跃，处于兴奋状态，左脑处于抑制状态，所以不良情绪能够得到抑制，同时产生积极向上的正面情绪。

其次，运动员在运动训练中，体内内啡肽得以释放，愉悦感逐渐形成，这有助于运动员保持愉快的训练心情，并有减轻运动伤痛的效果。

再次，运动训练尤其是集体性的运动训练能够为运动员之间的沟通与交流提供良好的机会，运动员也可以在训练中采取恰当的方式将自己的负面情绪释放和宣泄出来，从而保持开朗的情绪，保持自信、乐观。

最后，运动员在不断学习新技术、新动作的过程中既可享受成功的喜悦，又要承受失败的压力，有时成败瞬息万变。这种变化锻炼了运动员胜不骄、败不馁的良好情绪，使运动员学会以积极情绪战胜不良情绪，成为情绪的主人。

三、应激与心理能量

（一）应激

当客观环境要求与自我主观能力之间不平衡时，生理和心理上都会出现相应的反应，这种特定情况下产生的生理与心理现象也被称作"焦虑状态的体验"。

在竞技体育运动训练中，当运动员感到训练要求比自己的实际水平高时，就会产生应激。如图1-2中的左上角区域，运动员越重视训练结果，就会产生越强烈的应激。当运动员认为训练结果与自身能力不符，对训练结果不满意时，则可能产生厌倦心理。如图1-2右下角区域，这种应激状态由厌烦情绪直接导致。当运动员认为训练要求比自己的实际能力低时,则会出现厌倦心理或相应的应激状态;而当运动员认为自己的运动能力与教练员提出的训练要求或客观环境的需求相符时,主客观达到平衡状态,则"流畅状态"出现的可能性就会大幅提升,这种状态也就是图1-2中的最佳能量区,在竞技体育运动训练中要努力追求这种状态。

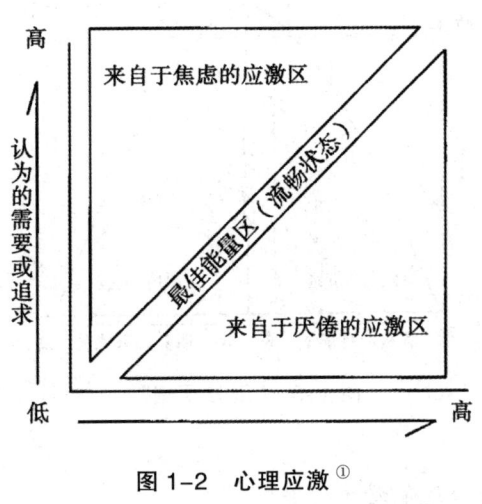

图1-2 心理应激[①]

(二)心理能量及其与体育运动训练的关系

心理起作用的能力、活力和强度即为心理能量,它是以动机为基础而产生的。建立在动机基础上的心理能量包括积极心理能量和消极心理能量两种类型。人在获得成功时产生的兴奋情绪与积极心理能量密切联系,在失利时产生的失落、焦虑情绪与消极心理能量密切关联。作为心理能力的动力源泉,心理能量对个体健康有非常重要的影响。

心理能量与操作水平之间的关系可以用"倒U原理"来描述。如图1-3所示,心理动员区、最佳能量区和心理衰竭区在图中清晰标出,直观反映了随着心理能量的变化,操作水平也会发生相应的改变。

图1-3显示,当人的心理能量从低到高逐渐增加时,操作水平也相应地有序提升。当心理能量达到最佳能量区这一特定区域或特定点时,操作水平随之达到顶峰。在这个特定区域之后,心理能量即使再增加,操作水平也不升反降。

---

① 孙登科.运动训练学[M].北京:北京体育大学出版社,2006.

直观反映心理能量与操作水平关系的"倒 U 原理"在运动员训练中有重要的指导意义,但目前来看,该理论在运动训练领域运用得比较少,如果能够深入理解这一原理,并正确加以运用,就能够使运动训练中很多实际性的问题得到解决。

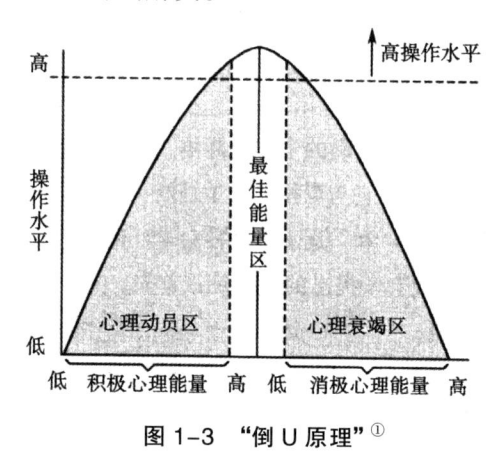

图 1-3 "倒 U 原理"[1]

(三)应激与心理能量的关系

应激与心理能量虽然是两个相对独立的维度,但二者之间存在着一定联系,如图 1-4 所示。心理能量都有高低之分,应激有积极和消极之分,积极应激也是低应激,消极应激也是高应激,高应激与高的心理能量之间存在着线性关系,这是应激与心理能量关系中的一种典型表现。下面简单描述二者之间的线性关系。

(1)当运动员产生焦虑、气愤的消极情绪时,处于消极应激状态,此时心理能量较高,如图 1-4 中 A 区所示。

(2)当运动员产生厌倦、疲劳的情绪时,处于消极应激和低心理能量共存区域,如图 1-4 中 B 区所示。

(3)当运动员处于放松、瞌睡状态时,处于积极应激和低心理能量共存区域,如图 1-4 中 C 区所示。

(4)当运动员产生愉快、兴奋的情绪时,则处于无应激和较高心理能量共存区域,如图 1-4 中 D 区所示。

---

[1] 马冬梅.运动训练学基础[M].北京:北京体育大学出版社,2005.

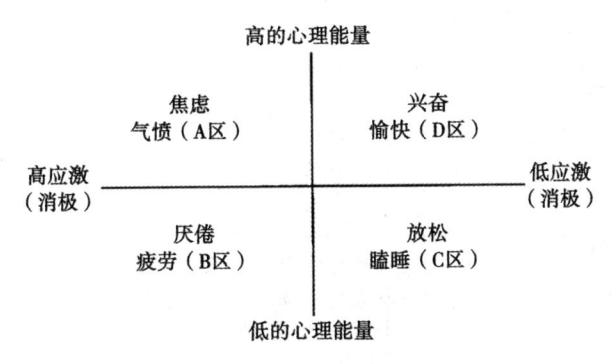

```
                高的心理能量
                    │
         焦虑       │      兴奋
      气愤（A区）   │   愉快（D区）
高应激              │              低应激
（消极）────────────┼────────────（消极）
         厌倦       │      放松
      疲劳（B区）   │   瞌睡（C区）
                    │
                低的心理能量
```

图 1-4　应激与心理能量的关系[①]

四、运动心理疲劳的产生与消除

（一）运动心理疲劳的概念

运动心理疲劳是一种综合征，泛指情绪和体力耗竭感、成就感的降低和运动被贬值的综合表现。

（二）运动心理疲劳的表现

运动心理疲劳的症状主要表现在生理和心理两个方面，具体见表 1-2。

表 1-2　运动心理疲劳的生理与心理症状

症状类型	具体症状
生理症状	（1）安静时收缩压增高 （2）心率增高（安静时与运动状态下） （3）肌糖原下降 （4）血液中应激生化指标增高 （5）肌肉长期疲劳，疼痛感明显 （6）最大有氧功率下降 （7）消化功能下降 （8）体重减轻 （9）感冒 （10）失眠

---

① 马冬梅.运动训练学基础[M].北京：北京体育大学出版社，2005.

续表

症状类型	具体症状
心理症状	（1）去个性化 （2）情绪低落 （3）心境紊乱 （4）精神不振 （5）应激反应延长，消极反应多 （6）自尊心下降 （7）个人成就感降低 （8）人际关系淡化

（三）运动心理疲劳产生的机制

1. 投入模型

投入模型基本理论认为，在运动训练过程中，运动员的投入和获得的评价直接决定其是否继续训练，有些评价会使运动员继续训练，而有些评价则会使运动员因心力耗竭而不再继续训练。具体评价要素如下：

第一，运动员在训练中的投入，包括时间投入和精力投入。

第二，运动员为运动训练付出的代价。

第三，运动员在训练中的心理满意度。

第四，运动训练的效果。

第五，其他选择。

通过评价以上几个要素，可以预测运动员是否继续参加运动训练，预测结果有两种：一是继续训练；二是因心力耗竭中断训练，甚至不再参与这项训练。

2. 消极训练应激反应模型

相关研究表明，运动员对训练应激的消极反应是运动员在竞技体育运动训练中心力耗竭的主要原因，这就是消极训练应激反应模型的基本理论。

提高运动成绩是运动员参与运动训练的主要目的，而要实现这一目标，运动员就必须尽快适应运动中的训练应激，如果适应不了，则容易引起心理疲劳，并影响运动员继续参加训练。

（四）运动心理疲劳的消除

在竞技体育运动训练中，运动员如果产生心理疲劳，则可采用心理疗法来缓解和消除疲劳。心理疗法主要是通过对心理学理论、原则和技术的应用来矫治运动员各种心理、精神、情绪和行为障碍或严重的情绪困扰的特殊治疗手段。这种治疗手段有助于使运动员神经与精神放松，使运动员的心理压抑程度减轻，使神经系统恢复正常工作，从而积极影响身体其他器官、系统的恢复，进而消除疲劳。

采用心理疗法时，心理疲劳产生的原因不同，具体治疗手段就不同，而且疲劳症状也会影响具体治疗手段的选择。常见的心理疲劳调节方式有调整训练、自我评价、设定目标、求助社会以及培养兴趣。

五、运动员心理健康处方的科学制定

在竞技体育运动训练中，为保证运动员的心理健康，除了要进行体能训练和专项技能训练外，还要为运动员制定科学有效的心理健康处方。而且在其他训练计划的制订中也要考虑运动员的心理健康。

（一）运动类型

1. 有氧练习

运动员进行有氧练习，可以改变心境，减少应激，提高应激适应能力，降低紧张、焦虑等负面情绪的产生，降低抑郁的发生率，强化自我感念。在有氧训练中做一些放松整理性练习，可促进身心疲劳的恢复，提高身心健康水平。

2. 封闭式练习

封闭式练习有明显的节奏性，对注意力的投入没有严格的要求，运动员在技能训练中采用这一练习方式，有助于锻炼和提高脑力，使运动员保持良好的情绪。运动员在封闭式训练中，心态较为平静，有良好的时空条件去思考问题，也有机会充分发挥想象，这能够给运动员带来良好的体验感。

3. 集体性练习

运动员与队友共同进行训练,在训练中相互沟通、互动,相互帮助与监督,共同进步,这有助于调节运动员的情绪,提升运动员的社会交往能力。同时,这种积极的心理效应又能激发运动员主动参与集体性训练活动的积极性。

除了集体性练习外,个体练习也能产生一定的心理效应,如降低抑郁、心情自由等。因此建议运动员将个体性练习和集体性练习有机结合起来,根据需要而安排两种练习的实施方式。

4. 娱乐性练习

为了增加训练的趣味性,提高运动员训练的积极性,提高训练产生的心理效应,在训练中还应该多进行一些娱乐性练习。这有助于使运动员的情绪得到改善,提高运动员的能力感、成就感,增强运动员的自我控制能力,使运动员在练习中肯定自我价值,产生自豪感,提升自我效应,增强自信,从而促进心理健康和提高运动心理水平。

和娱乐性练习相对应的是竞争性练习。这种练习如果竞争不当容易造成运动员过度训练,从而增加运动员在训练中身心疲劳的程度,甚至导致运动员心力耗竭,对训练产生恐惧感,失去训练的动力和信心。所以,采用竞争性练习时,应该注重竞争的适度性。

(二)运动强度

运动员训练的心理效应很大程度上受到运动强度的影响。运动员强度过大,容易使运动员的应激能力下降,而且并不是越大强度的训练就越能产生良好的训练效果,训练过度反而会适得其反。有些训练需要采用高强度训练方法,以促进运动员代谢水平的提升和心肺功能的增强,但不利于促进心境状态的改善。因此,要在训练中产生良好的心理效应就应该将训练中的运动强度保持在中等强度,这对大部分运动员都是比较适宜的强度。

(三)运动时间

持续运动时间会影响心理效应。关于持续运动多长时间可以取得良好的心理效应这个问题,很多专家做了研究,但有很多不同的研究结果。有人指出至少持续运动半小时才会产生良好的心理效应,也有人指出持续练习的时间应该达到 1 小时左右,还有人指出要持续练习 1.5 小时后心理状态才能达到预期效果。但可以肯定的是,持续练习时间太长或练习强度过大都会给运动员的心理带来负面影响。而且运动强度也关系着持续练习时间对心理效应产生的影响。如果运动强度固定,训练时间太长,就会造成身心疲劳,降低运动员的练习兴趣和积极性,不仅不会带来良好的心理效应,反而会损害身心健康;如果持续练习时间太短,也不利于产生良好的心理效应和训练效果。

(四)运动频率

从运动生理学的角度来看,保持一周 2～4 次的运动频率是比较适宜的,但从运动心理学视角来研究运动频率,目前还没有明确的结果,有待继续研究。运动训练中产生的心理效应在运动结束后也能保持数小时的时间,安排运动频率既要考虑在运动训练中是否能产生良好的心理效应,也要考虑训练结束后这种心理效应维持的时间。运动员要养成良好的训练习惯,在非训练期也要坚持锻炼,将其作为日常生活的一部分,以增加在运动中获得的良好心理效应的维持时间,促进心理的持续健康。

第三节 运动训练学基础

一、运动训练与运动训练学

(一)运动训练

运动训练通常指为促进运动成绩提高以及保持良好运动成绩而采取的一系列措施的总称。

学者从广义、狭义两个层面解释了运动训练的概念。

广义上，运动员为夺取良好运动成绩而做的有准备、有计划的所有实际行动的全过程即为运动训练。

狭义上，运动员在一定负荷下所进行的思想道德、体能、技战术、心智能力等方面的准备即为运动训练。

综合上述解释，可以这样界定运动训练的概念："运动员为提高竞技能力，争取最佳运动成绩而系统地、有计划地努力奋斗的整个过程就是所谓的运动训练。"[1]

(二)运动训练学

运动训练学是以各运动项目的共性为依据，从宏观层面指导和控制运动训练过程的一门体育应用学科，是对运动训练规律进行专门研究和深入探索，旨在提高运动成绩的理论和方法学，是对运动训练中的科学原理进行研究，对运动训练过程的基本理论与方法以及训练效果的检查与评定进行探讨的一门学科。

二、运动训练的特点

运动训练和一般的身体锻炼、运动教育相比具有自身的独特性，对运动训练的特点进行分析研究，有助于为开展运动训练客观规律的探索工作以及促进运动训练效益的提升提供依据与参考。

下面着重分析运动训练的六大特点。

(一)训练内容的专门性

随着竞技运动的不断发展，很多运动项目的水平都达到了前所未有的高度，竞技成绩取得了惊人的突破，创造出大量的世界纪录。不同类型运动项目对运动员的专项竞技能力有不同的要求，一名运动员几乎不可能同时从事多个性质不同的专项运动，更难以在这些运动中都达到世界水平，即使运动员很有天赋，各方面能力都非常优秀，也只能同时从

---

[1] 王家宏,姚辉洲.运动训练[M].桂林:广西师范大学出版社,2009.

事几个性质接近的运动项目,而且未必每个项目都能达到优秀水平,各项目是有主次之分的。因此,大部分专业运动员只从事某一专项的训练,在从事的项目上倾入所有的身心,从专项的特点和需要出发来安排训练内容,然后集中精力进行有目的、有方向、有重点的训练。

运动训练的内容和项目具有专门性,主要是指运动员集中精力参与从事项目的专项训练,但也可以通过其他项目的训练来提高专项运动成绩,只要选择的训练项目对提高运动员的专项技能水平有利即可,由此可见运动训练的内容也比较丰富。

(二)训练方法的多样性

促进运动员身心健康、身体机能水平的提高、运动素质的发展、专项技战术能力的提升以及运动智能的发展是运动训练的基本要求与主要任务。此外还要求运动员在训练后能尽快恢复,为下一次的训练做好准备。总之,运动训练的任务很多,要求很严,必须采用多种多样的方法与手段才能完成训练任务。

身体练习是运动训练的基本手段。身体练习的方式有很多,不同的练习方式与运动专项也有不同程度的联系。我们常常习惯将身体练习划分为三种类型,分别是一般性练习、专门性练习和实战性练习。这就是以身体练习方式与运动专项关系的密切程度为依据而划分的。对身体练习方式进行分类,是为了提高运动训练方法选用和实施的针对性,通常一般性练习可以广泛应用于各运动项目的训练中。

面对多种多样的训练方法与手段,运动员必须根据专项需要,结合自身实际情况而进行合理选用与有效实施,所选训练方法手段必须有利于提高专项运动成绩,促进训练效益的最优化。

(三)运动负荷的极限性

在运动员科学训练中,只有将强烈的刺激施加在运动员机体上,机体才会产生深刻反应,身体机能潜力才能得到充分挖掘和发挥。运动员要适应训练和比赛的要求,在训练中必须采用大负荷甚至极限负荷的强度。不同水平运动员承受负荷的能力不同,所以说极限负荷是相对的,当运动员在某一训练阶段适应了自身的极限负荷之后,在下一阶段的训练中就要继续增加训练负荷了。

运动负荷的极限性特征要求在竞技体育运动训练中对训练负荷进行合理安排,使之达到运动员的极限水平,与此同时还要做好医务监督和营养补充工作,保障运动员的安全和健康。

(四)训练过程的长期性

运动员在持续科学的训练中运动水平不断提高,这是一个长期积累的效应,是运动员训练适应能力不断提升的过程。任何一名优秀的世界级运动员都是经过长期系统的科学训练而发展起来的。任何优异的比赛成绩都是运动员常年艰苦训练的结果和回报,训练水平的提高、优异成绩的获取都不是一蹴而就的,不可能在短时间内实现。

多年科学系统的训练是运动员成才的必经之路,在漫长的成长成才道路上,会有很多因素影响运动员的训练成绩和运动水平。因此,为了减少不良因素的影响,提高训练效率,有必要制订科学严密的训练计划,包括多年训练计划、阶段训练计划和短期训练计划,逐步实现各个阶段的训练目标,最终达到预期的训练总目标,使运动员的运动水平达到新的高度。

(五)运动成绩的表现性

运动员经过长期科学系统的运动训练,竞技能力会逐渐提高,最后达到一个理想的水平。但运动员的竞技水平究竟如何,则要通过在比赛中的实战表现和最终的比赛成绩来评价。如果运动员在重大比赛中取得了优异的成绩,那么就充分说明训练效果是良好的,运动员的竞技水平也能得到肯定,运动员的个人价值和社会价值也会被认可。因此,在竞技体育运动训练中要不断培养运动员的比赛能力,争取早日出成绩。

(六)训练的个人针对性

运动员科学训练的过程也是个人不断成长与全面提升的过程。运动员的运动天赋、身心素质、技战术能力以及智力水平等都会不同程度地影响其运动成绩,而这些影响因素是有个体差异的。同时每个个体的这些基本能力与素质是可以相互补偿的,因此运动员必须要有个人特长和优势,以此去弥补发展落后的能力和素质。

在竞技体育运动训练中,教练员要从不同运动员的基本能力、个人特点出发,对其潜力进行最大化挖掘,培养运动员的特长和优势,开展具有个人针对性的训练,保证运动训练过程以个体训练为主,强调针对性和个性化训练,即使是集体性项目,也要强调不同位置和角色的队员的个别训练,将个别训练与集体训练结合起来。

强调运动训练的个人针对性,并不意味着不能采取小组或集体的形式去组织训练过程,而是要结合运动员的个人特点、个体差异去有针对性地安排,各有侧重,如此才能提高训练实效。

三、竞技体育运动训练的内容

（一）身体训练

身体训练是指运动员为掌握和提高运动技战术,创造优异运动成绩而打好坚实身体基础的过程,主要是发展速度、力量、耐力、柔韧性、灵敏度等运动素质。

（二）技术训练

技术训练是指学习、掌握、提高和完善专项运动技术的过程。任何运动项目都有专门技术,专门技术是理想的动作模式,专门技术训练要强调规范,并与运动员的个体特点相结合。

（三）战术训练

战术训练是指根据运动员或运动队身体、心理、技战术的特点以及对手的情况来筹划比赛中力量分配或成套攻防方法的训练过程。在实力相当的运动竞赛中,战术对胜负具有重要影响。对战术的选择和运用要考虑实效性。

（四）心理训练

心理训练是指为使运动员在比赛中稳定发挥技战术水平，创造优异运动成绩而进行的发展心理品质的训练。良好的心理品质是运动员在比赛中表现出最佳水平的心理保证。

（五）智能训练

智能训练是指有目的、有计划地发展运动员智能的训练过程。高智能是保证运动员理解训练内容，在比赛中审时度势、熟练运用已经获得的各种技战术，充分发挥身体优势，把握战机，夺取比赛胜利的关键。

（六）适应训练

适应训练是对运动员的社会适应能力进行培养与训练的过程，通过提高运动员的社会适应力来进一步提高其创造优异比赛成绩的能力。竞技体育的现代化发展进程和可持续发展水平都直接受到运动员社会适应能力的影响，运动员作为社会成员，必须具备良好的社会适应能力，这是其能力储备的重要组成部分。这不仅对创造运动成绩有重要意义，还会使运动员终身受益。

（七）思想训练

思想训练是培养运动员职业道德素养和思想政治素养的教育过程。对运动员进行思想政治教育和道德教育是市场经济条件下竞技体育可持续发展的要求。

（八）恢复训练

恢复训练是指运动员采取恢复性训练手段促进身体机能恢复的过程。恢复是积极主动的，是负荷过程的延续。

第四节　运动生物力学

一、运动技术的生物力学分析

运动生物力学是研究体育运动中人体与器械运动特征与力学规律的科学。它奠基于力学、生理学和机能解剖学等体育科学学科的理论基础之上,是应用力学、生物学理论与人体运动科学相互结合和相互渗透,为研究体育运动规律所形成的一门综合性科学。在运动生物力学指导下进行竞技体育运动训练,能够为运动训练提供有效指导,探索更科学有效的训练途径,提高运动成绩。

从运动生物力学视角来对运动技术进行整体分析,具体环节包括测定、描述、分析、评定。

（一）测定

在动作技术的生物力学分析中,测定主要是采用生物力学测量手段,获取完成特定动作技术的运动学数据、动力学数据或生物学数据,并记录这些数据。随着现代科技的不断进步与发展,生物力学测定方法的理论与运用越来越完善,因此采集数据的速度也越来越快,精确度也越来越高。

（二）描述

动作技术分析中,描述主要指对测定环节所记录的数据进行定性叙述或定量叙述。需要提醒的是,在描述环节要特别注意准确,以便之后更顺利地开展技术评定工作。

（三）分析

分析主要是专门针对测定所得的数据进行特定数学运算，或将多项数据源整合起来集中运算，从而产生标量（难以直接测定）的过程。例如，运用关节点坐标数据以及有限差商法等数学方法计算关节点或身体重心的位移、速度、加速度或身体环节的角位移、角速度、角加速度等，这就是运动学分析。

随着科技的创新，现在已经有很多生物力学分析软件拥有自动数据分析的功能了，但认识并学会运用运动技术的生物力学分析方法仍具有重要的现实意义。

（四）评定

在运动技术的生物力学分析中，评定是在测定、描述、分析三个基础性条件的基础上进行的，而且测定、分析及评定的最终结果都要真实客观、讲求实效。

复杂人体运动的有序进行及身体运动技术的有效表达都离不开多个生物力学因素的协调配合。在某些情况下，对多项单因素指标进行综合剖析，从运动生物力学角度着手科学构建运动技术评价体系非常重要。

二、运动员专项技术的生物力学诊断

运动员专项技术诊断就是测量与分析运动员的动作过程，然后与动作目标、动作效果结合起来对运动员的技术状态、技术训练水平进行评价，从评价结果出发对运动形式进行改进，以促进动作效果的不断提高。技术诊断的基础工作是技术分析，技术分析又包括技术检查、技术测试和技术评定等几个环节。整个技术诊断过程应包括动作信息采集、数据处理、技术评价、发现技术缺陷、寻找改进测量、对技术改进训练的指导和对技术改进效果的检验等。

在运动生物力学研究中，要获得各种动作技术的生物力学参数，就要采用不同的测量方法，然后在测量的基础上采用统计、对比等方法来全面分析动作技术,及时发现动作技术存在的缺陷,科学诊断,指出改进方法,从而促进运动技术水平的不断提高。随着运动生物力学的不断深入研究,这些方法有了越来越广泛的应用范围,在各种运动项目、动作技术中都有涉及,甚至在战术研究领域也采用了这些方法。下面主要就运动员专项技术的生物力学诊断方法展开研究。

(一)统计方法

采用观察、测试等方法将动作技术的相关数据收集起来后,要采用统计学方法进一步分析与研究这些资料。统计学的方法主要用于对各种动作技术群体比较的研究及对某一动作技术的集中趋势的研究。

1. 群体间的比较

对比不同组别运动员的技术参数在动作技术诊断中是经常会涉及的问题。这类问题可以用统计学方法来解决,即对比不同组别间运动员技术参数的均数。在研究过程中,首先获得研究对象技术参数的均数,然后进行检验,证明是对来自不同整体的均数进行对比,从而将其可比性确定下来,再进行对比分析,得出有关结论。

2. 集中趋势

对动作技术的集中趋势的研究可采用统计学原理中关于众数、均数、中数的统计方法。例如,竞技体操有很多项目,各项目的动作又有不同,再加上运动员各具特点,所以即使同一个动作,也会在不同运动员身上表现出不同的技术风格。不同运动员完成同一个动作时所有技术参数完全一致的情况非常少见。所以有必要运用统计学方法来处理不同运动员完成技术动作的技术参数,将均数和标准差计算出来,该动作技术的集中趋势及一般规律可以从计算的均数中体现出来。

(二)对比方法

对比方法主要是对比分析不同的技术、不同运动员的动作以及不同的训练方法,通过对比发现差异,运用科学原理对这些差异的产生原因及利弊进行分析,从而为改进和提高动作技术提供科学指导。在运动技术诊断中运用对比方法,可以是对比观察结果,也可以是对比测试数据。其具有较为广泛的适用面,而且能够取得良好的效果。

下面主要就对比方法的两种运用方式进行分析。

1. 相同动作间的对比

相同动作之间的对比也可以采用运动生物力学研究中的对比方法。通过对比将不同运动员完成同一个技术动作时的差异找出来,然后运用生物力学原理分析这种差异产生的原因,针对不同运动员的问题提出训练的改进措施。

2. 不同动作之间的对比

对比方法也可运用于不同技术动作之间的对比研究中。可以对比不同动作的共性,也可以对比不同动作各自的特殊性;可以对比不同动作包含的相同因素,也可以对比不同动作所包含的不同因素。

第五节　运动生物化学

一、运动性疲劳与恢复的生化特点

运动生物化学是生物化学的分支学科之一,是研究人体运动时物质代谢及其调节的特点与规律,研究运动引起体内分子水平适应性变化及其机理的一门学科。运动生物化学以运动时机体物质代谢及其调节的特点、规律作为运动训练方法和恢复手段的理论基础及依据,从而指导运动训练中运动负荷和方式的合理安排,使运动员机体的化学组成与代谢能力产生最佳的适应性变化,有效提高训练效果和运动成绩,同时加速疲劳消除,促进机能恢复,保障运动员的健康。下面首先分析运动性疲劳与恢复的生化特点。

第一章　竞技体育运动训练的学科理论基础

（一）短时间大强度运动性疲劳的生化特点

在短时间大强度的运动中，供能方式主要是无氧代谢供能，即参与供能的系统主要是磷酸原系统和糖酵解系统。所以，糖原、磷酸原大量消耗，乳酸大量堆积是发生运动性疲劳时的主要表现和生化特点。当运动员在竞技体育运动训练中处于力竭状态时，磷酸肌酸消耗殆尽，ATP浓度逐渐下降，血乳酸浓度的增加较为明显。

（二）运动后恢复过程的生化特点

运动训练是否给机体施加了足够的刺激可以从运动性疲劳的程度中进行衡量，运动员在经过一段时间的运动训练后机体机能水平的提高程度和能否继续训练主要由运动后的恢复所决定。可以说，运动员是在机体恢复期获得训练效果的。恢复期逐渐消除运动中的代谢产物，恢复运动中消耗的能源物质，从而使各项运动素质与运动能力得到提高，如恢复期间骨骼肌蛋白质合成加速，肌肉力量得到增强等。因此，从生化视角来研究运动员运动后机体恢复的过程十分重要。

运动后机体的恢复会出现一种叫作"超量恢复"的现象，也可称之为"超代偿"。运动中会出现物质分解代谢现象，运动结束，这个代谢过程也会逐渐停止，此时占优势的将是"再合成"，这就能够补偿机体中被消耗的物质，甚至超过运动前水平。超量恢复现象不可能持续太长时间，为了进一步巩固和提高超量恢复的效果，必须采取重复训练法进行科学训练。训练过程中，要注意合理安排休息和营养，充分认识到休息与营养对训练效果的影响。

二、竞技体育运动训练中运动负荷的生物化学监控

竞技体育运动训练的生物化学监控是一个综合体系，涉及多项指标、层次及因素，各个指标相互补充，从而对运动训练过程进行科学指导，不断提高训练水平。

在竞技体育运动训练中，合理安排运动负荷是一个非常重要的环节，运动员所承受的身体负荷量的大小直接影响训练效果。负荷太大容

易使运动员受伤,危害其身体健康,更不用说提高运动能力了。负荷太小,无法达到预期训练目标,也不利于运动员的专项提升。在竞技体育运动训练中,调节与变动运动强度、运动量可以达到不同的训练目的。所以要对这两个要素进行科学监控和评定,从而有效预防运动员出现过度疲劳和运动损伤的情况,同时提高运动员的训练成绩。

在运动强度与运动量的监控与评定中,心率、血乳酸、血尿素、血清CK、尿蛋白和尿胆原等都是常用的指标,主要应用方法见表1-3。

表1-3 负荷强度与负荷量的监控与评定 [1]

指标	正常值	负荷强度评定	负荷量评定
血乳酸	< 2mmol/L	运动后血乳酸升高越明显,表明运动强度越大;升高幅度下降,表明机体适应能力增强	
血清CK	男:10 ~ 100U/L 女:10 ~ 60U/L	血清CK活性越高,说明运动强度越大;训练一段时间后升高幅度下降	
尿蛋白	随意尿< 10mg% 全日尿小于150mg	运动后15分钟排出的尿蛋白量越多,说明运动强度越大,机体还不能适应	尿蛋白排出量多,说明负荷量大,机体适应后,尿蛋白排出量会减少
血尿素	1.8 ~ 8.9mmol/L		运动后尿血素增值大,表示负荷量大;增值减小,表明机体适应能力增强
尿胆原	3 ~ 5安氏单位		尿胆原排出量增加,说明负荷量大或身体机能下降

---

[1] 武桂新.简明运动生物化学[M].重庆:重庆大学出版社,2017.

第二章
竞技体育运动训练的理论与方法

随着科技的不断发展及由此带来的先进竞技体育运动训练手段和方法的不断创新，竞技体育工作者对竞技体育运动训练的实质、机制、成绩影响因素等问题有了更加深刻的认识，竞技体育运动训练理论也因此不断发展与完善，达到了一个崭新的发展阶段。深入研究竞技体育运动训练理论与方法，有利于科学指导竞技体育运动训练实践，提高训练成绩。本章主要就竞技体育运动训练理论与方法进行详细分析与研究，主要内容包括竞技体育运动训练的科学理念、基本原理、原则与方法、计划制订、科学管理以及创新与发展。

第一节　竞技体育运动训练的科学理念

一、周期训练理念

周期训练一经问世就受到了世界各国的关注与重视,欧洲许多国家都将此作为运动训练的重要理论。在我国的运动训练理论与实践中,周期训练理论所占的位置也非常重要。这一理论最早被提出是在20世纪60年代中期,它是由我国体育工作者从苏联引入的。从那时起,我国就在这一理论思想的指导下安排竞技运动训练,特别是依此来设计体能类运动项目的训练计划。体能性项目的相关研究是建立周期训练理论的重要基础,因此该理论对竞技体育运动训练尤其是体能类项目的专门训练具有重要的指导价值。

（一）周期训练的依据

周期训练理念主要用来对年度训练计划设计进行指导,也就是说,教练员可以参照这一理论来制订与安排年度训练计划。周期训练理念认为,可以以年度为时间单位将年度训练计划分为三个训练阶段,即准备、比赛准备和过渡阶段,在不同的阶段应对不同的负荷强度、负荷量进行安排,应严格把握一般身体训练和专项训练的比例。教练员在制订年度训练计划时,可以将年度周期训练理论作为参照。年度周期可以分为两类,即平常年度和重大比赛年度。这样划分的依据主要是看其是否包含奥运会、世锦赛等重大比赛。年度周期还有一种划分方法,即基础训练年度、提高训练年度和恢复训练年度,这样划分是以年度主要训练任务为依据的。

1.竞技状态形成的规律

在竞技完善的每个新台阶上,运动员通过相应的训练所获得的对运动成绩的最佳准备程度状态就是所谓的竞技状态。在运动竞赛中运动员所展示的运动成绩是对其竞技状态进行评价的主要指标。运动员在比赛中所展示出来的运动成绩可以多次达到最高水平运动成绩或接近该成绩,则说明其拥有良好的竞技状态,而且达到与接近的次数越多,状态就越好。运动员竞技状态的发展具有周期阶段性,这也是进行周期训练阶段划分的主要基础与依据。而竞技状态的发展又会经历获得、保持(相对稳定)和暂时消失三个阶段,且这三个阶段是交替变化的。因此相应的,训练周期也分为准备期、竞赛期和过渡期三个阶段。第一个训练周期主要是形成一定的竞技状态;第二个训练周期主要是使已经获得的竞技状态得以保持,并在比赛中展示这种状态;第三个训练周期主要是进行积极性休息,保持已获得的训练水平。为了对优秀运动员年度竞技状态的变化规律进行探索与研究,周期训练理论的提出者马特维耶夫对田径、举重、游泳三个项目的优秀运动员的年度运动成绩变化资料进行了统计与整理,并以此为基础和依据将年度周期分为三种类型,即单周期、双周期和三周期。

运动员拥有最佳竞技状态是其创造优异成绩的基础,即运动员在比赛中只有保持最适宜的准备状态,才能取得良好的成绩。合理控制训练过程是形成良好竞技状态的基础。运动训练主要是为了取得优异成绩而进行的,因此在训练过程中必须注意良好竞技状态的形成与保持。判断运动员是否处于良好的竞技状态,主要是观察以下几方面的要素。

(1)运动员的恢复过程是否明显缩短。

(2)运动员的专项运动感觉是否有所提高。

(3)运动员的技术是否稳定,动作是否规范协调。

(4)运动员是否对比赛有很高的渴望。

2.竞赛项目日程的安排

周期训练的目的是通过对运动训练过程进行科学合理的安排和有效控制,使运动员取得更好的专项成绩。在比赛中取得优异的成绩是运动训练的根本目的,因此了解竞赛项目日程的安排有助于我们对训练周期作出合理的划分。

训练日期、训练阶段的划分等都会受到竞赛日程安排的影响。竞赛项目日程一般就是官方发布的比赛日期,因此在对训练过程进行调控时要注意时间的合理安排。除此之外,比赛结构也会受到竞赛日程安排的影响,而训练时期的持续时间在一定程度上又会受到比赛结构的限制。在年度训练中,应依据比赛的重要性对其进行不同类型的划分,并以训练时期的特点为依据来安排具体的训练阶段。如果是训练比赛,即重要性不是很强,训练和监督特征明显的比赛,就应该将相关训练安排在准备期。如果比赛很重要,那么则应该将相关的训练安排在竞赛期,过渡期以积极活动训练为主。

现阶段,由于竞技体育运动竞赛发展的商业化、职业化趋势不断加快,高水平运动员每年要参加很多场比赛,因此传统的周期训练安排已经无法满足运动员的比赛需求,需要重新进行周期训练安排。但我们要认识一点,竞技体育赛制的变化与更新并不是为了给运动员提供参与比赛的机会,而是为了使运动员在参与比赛的过程中获得良好的专项水平,从而在更重要的比赛中获得优异的成绩。这就是以比赛的形式来提高训练水平的重要表现,虽然单纯的训练也能达到提高训练水平的目的,但远不及比赛手段所发挥的价值。

总的来说,在比赛中取胜是竞技体育运动训练的最终目的,因此训练周期划分应以竞技状态为内部依据,以竞赛日程为外部依据,而且应以比赛安排为依据来调节竞技状态。在年度训练周期划分中应以竞赛日程安排为主要依据,主要从改革与创新竞赛制度着手来对训练周期的划分进行研究。

(二)运动员年度训练周期安排的建议

1. 以能够在重大比赛中获取优异成绩为基本原则

先对比赛类型进行划分,即分清楚哪些是主要比赛,哪些是一般性比赛,同时以竞技状态形成与发展的规律性为目的对全年的训练和比赛进行合理安排,对"以赛带练"和"以赛促练"的方法进行有选择的采用,保障运动员在重大比赛中能够保持良好的竞技状态,取得优异的成绩。

2. 有机结合比赛与训练

比赛既是训练的目的,也是提高训练效果的重要方法。每个周期都为优秀运动员安排热身赛和比赛性测试有利于检验训练效果,发现运动员的不足,从而在之后的训练中能够更加具有针对性地开展训练活动,能够进一步明确哪些是重点训练内容。同时每个训练周期的训练内容应是与比赛密切相关的内容,这样能够提高运动员的专项训练水平,从而有利于其在重大比赛中取得优异的成绩,不断实现突破。

3. 在训练内容上突出专项

不管是对身体素质训练内容进行安排,还是对技术训练内容进行安排,都应将专项的特点、重点凸显出来。如果不以专项为核心安排训练内容,运动员即使花再多的时间训练,进行再大运动量的训练,也是无济于事的。只有有机结合专项,才能使运动员在训练过程中具备与专项相符的身体素质与技术能力,这样其才有可能在比赛中占据优势。

4. 衔接好各周期的训练

在对年度训练周期进行划分与安排的过程中,应将一年中的各个训练阶段看成一个统一的整体,上一训练周期的安排都是为下一个训练周期做准备的,只有加强各个训练阶段之间的联系性和衔接性,才能使年度训练更具系统性和周期性。

二、系统控制理念

(一)系统控制理念的内涵

所谓系统控制,即运用系统的观点和原理来指导运动训练实践。在某一事物系统中,从全局和微观入手,整体把握全局,协调系统中各要素,实现"整体大于要素之和"。运动训练中要擅长对系统控制理论进行合理有效的利用。运用时要以系统控制的基本理论以及运动的特点为依据,将运动训练系统明确化,接着从训练的实际出发,在训练系统中逐步有序地纳入训练方法与内容,然后充分发挥训练系统的控制作用,全面提高运动员的技战术能力、集体协作能力与竞赛能力,从而取得更好的训练与比赛成绩。

（二）系统控制的运用

1. 正确树立训练系统控制的理念

教练员要注意形成整体的训练意识,掌握系统的训练理论,正确树立训练系统控制的科学理念；训练过程中注意从整体进行具体把握,注重全局与整体的训练效益。教练员训练系统控制理念的正确树立有利于运动员的科学培养,有利于利用最短的时间对运动员的技战术能力进行大幅度提高,有利于整个运动队比赛实战能力的提高,有利于促进运动队的持续向前发展。

2. 正确处理长期训练与赛前训练的关系

运动训练过程中对系统控制理论加以运用时,首先要明确运动队的训练目标与任务,正确处理长期训练与赛前训练的关系。运动员与运动队的全面、系统、协调及可持续性的训练与发展要注意从集体的总利益出发。对系统控制理论加以运用时,要注意以训练的目标及任务为根据,对长期训练与赛前训练的关系进行妥善处理,及时对训练计划做出调整。

3. 正确处理运动训练与运动比赛的关系

运动训练的效果不可与比赛结果等同,运动员的技战术水平、身心素质的好坏、比赛设施与环境的具体情况等都会对运动员比赛水平的发挥造成主观或客观的影响。要想取得优异的比赛成绩,就要对以下三个方面加以重视。

（1）要求运动员以最佳竞技状态、发挥出最好水平。

（2）运动员要提高自身的应变能力,以比赛情况的变化为依据采取合理有效的战术。

（3）制定篮球进攻与防守方案,方案要有利于运动队竞争能力的提高与比赛优异成绩的取得。

因此,运动训练不应该是盲目的,也不是单纯为了完成任务而训练,而是要通过训练提高运动员的竞争能力与比赛水平。

4. 正确处理运动员与运动队之间的关系

运动队与运动员个人是整体与局部的关系,运动队要求运动员全面发展自身的身心素质、技战术水平、实战能力以及协作精神,但每个运动员之间的运动基础与身心素质是有差异的,因此,运动训练计划的制定要考虑到不同运动员的具体实际,计划要有针对性,要突出重点,要符合运动员的具体实际。对运动队在选材与培养运动员的过程中要对运动队的整体发展进行综合考虑,要妥善处理运动员个体与运动队之间的关系,促使运动队能够不断向前发展,同时也要注意制订促进运动队发展的科学训练的长期计划。

总之,在运动训练中,教练员要认真分析与研究运动员在以往比赛中存在的各种问题,并科学预测未来比赛中可能出现的问题,这样有利于比赛问题的及时发现与解决,从而促进教练员比赛中指挥能力的提高。对训练理论的科学研究能够促进运动训练水平的不断提高,这是经过运动训练实践证明的一条真理,因此必须重视对科学理论与理念的研究与应用。

三、其他训练理念

（一）个性化训练理念

个性化训练是指,教练安排训练内容要基于运动员的实际情况,以运动员为中心,选择对他们发展最有利的训练方法、手段。这是保证训练效果的前提条件。个性化训练还体现在每一个训练环节上都应该有明确的针对性、方向性和目的性,针对每一个运动员的实际情况提出相应的训练方案。方案中训练目标要具体而明确,训练内容和方法要符合训练对象的实际情况,不能脱离运动员实际而进行宽泛、盲目的训练。

（二）整体性训练理念

竞技体育运动训练以提高运动员的专项技能水平为主要目标,但同时要具有整体意识,兼顾体能、心理、智力、技战术等竞技能力的训练。

除了要全方位培养运动员的竞技能力,还要将个人训练与团队训练结合起来,从而整体提升运动队的综合实力。

第二节　竞技体育运动训练的基本原理

一、运动负荷原理

(一)运动负荷的内涵与负荷极限

通常所说的运动负荷是指生理负荷,就是指机体在生理方面所承受的训练刺激。使有机体承受一定的运动负荷,进而使机体适应负荷,通过机体的不断适应可以提高机体的运动能力和对外界(运动负荷)的适应能力,最终实现提高运动员的身体素质水平、运动水平。

竞技体育运动训练过程中,个体生理机能发展、运动能力提高,都是通过运动员在竞技体育运动训练过程中不断承受和适应训练负荷来实现的。运动员参加竞技体育运动训练是一个长期艰苦的过程,因此必须具备一定的承受艰苦的能力。在竞技体育运动训练中,运动员必须将自身机能的潜力最大限度地发挥出来,这样才能不断提高自身的机体适应能力和运动能力。整个过程中,运动员的运动能力的提高都是通过运动负荷的机体承受范围内的极限与加强运动负荷应激来实现的。对这一过程具体分析如下:

首先,竞技体育运动训练初期,运动员在竞技体育运动训练中需要承受一定的运动负荷,运动负荷作为应急刺激物作用于运动员的机体,从而不断促进运动员机体适应能力的提高。

其次,有机体的运动负荷如果始终停留在一个阶段,则不会持续提高机体的运动能力,因此要想最大程度地提高机体适应能力,就必须最大限度地向机体施加运动负荷。

最后,运动员承受专项负荷强度的能力直接决定了其专项运动成绩,能力越强,成绩就越好。换言之,倘若运动员在竞技体育运动训练中无法承受大负荷刺激乃至极限负荷刺激,就不可能进一步成为一个运动水平较高的优秀运动员。

在竞技体育运动训练过程中,有机体运动能力的提高,机体承受运动极限负荷与适应负荷应激是同时但不同步进行的。二者是相互影响和促进的关系。

(二)原理指导

在竞技体育运动训练中,遵循运动负荷原理应注意以下几方面内容。

(1)在竞技体育运动训练初期,根据负荷因素的基本特征,为了尽快进入运动状态,应增加负荷量使机体的适应过程逐步实现。

(2)在专项训练阶段,要以提高负荷强度刺激来加深运动员的机体适应过程。

(3)对于运动员而言,其参与的具体竞技体育运动训练项目不同、训练目的不同,负荷也应有所区别。

(4)对运动员施加运动负荷时,要注意循序渐进,否则会造成运动伤病,影响运动员的身体健康与运动寿命。

二、机体机能运动变化原理

(一)机体机能运动变化规律

机体在参与竞技体育运动训练过程中,从安静状态,到运动状态,再到安静状态,机能会表现出一定的变化规律。

从热身开始到进入竞技体育运动训练再到竞技体育运动训练的结束,运动员生理机能活动变化的规律是指运动员从静止状态,经过一定的热身训练之后使机体进入工作状态,在保持运动的过程中不断加大运动负荷,使机体在适应负荷的前提下逐渐达到最大水平,然后再逐渐降低运动负荷,直到机体恢复到安静状态。

在竞技体育运动训练的不同阶段,教练员要通过科学组织竞技体育运动训练,来帮助运动员掌握运动技术,并通过长期参与竞技体育运动训练来提高身体素质和运动水平,使运动员的机体技能对各体育运动技能发展和提高产生适应性的变化。

(二)原理指导

在竞技体育运动训练中,针对不同运动项目的训练,运动员在教练员组织下开展各种与具体运动项目有关的身体练习活动,以掌握运动技能。这一过程的顺利实施要求在竞技体育运动训练的科学安排和组织实施过程中,应注意以下几方面。

(1)竞技体育运动训练实践中,各项竞技体育运动训练活动的开展必须遵循人体在运动过程中生理机能活动变化的规律,并以此为基础和依据,合理制订竞技体育运动训练计划、安排竞技体育运动训练内容。

(2)要依据运动员在运动中机体机能的具体活动变化,通过对运动员的观察控制训练进度和运动负荷。

(3)竞技体育运动训练应促进运动员的身体素质的全面发展,实现机体各机能的相互促进,而非制约。

三、技能形成原理

(一)技能形成与发展过程

概括而言,运动技能的形成与发展需要经历三个阶段,即运动技能的泛化阶段、运动技能的分化阶段、运动技能的自动化阶段。

1.运动技能的泛化

运动技能的泛化阶段,具体是指运动员在学习运动技能初期,在教练员和指导员的讲解和示范下进行运动实践,并通过这种实践练习获得初步的运动技能的感性认识。

从生理学的角度来看,在运动技能的泛化阶段,运动员的大脑皮质兴奋与抑制扩散,处于泛化阶段,内抑制尚未建立,条件反射联系不稳定,控制动作的能力较差,具体表现为动作僵硬、不协调,有多余动作。

2.运动技能的分化

随着竞技体育运动训练的深入,运动员的运动技能学习会逐渐进入运动技能的分化阶段。在持续的竞技体育运动训练实践过程中,运动员通过前面一段时间的身体练习,会逐渐加深了对运动技能的认识,并能初步掌握运动技能的基本运动规律,此后再经过教练员的系统讲解,其对技术动作的完成就会更趋合理,技术动作也会逐渐协调连贯,一些不协调和多余的动作会逐渐消除。此时,结合认知发展规律和思维的发展,运动员的大脑皮质的活动能适应当前的运动技能学练,并产生稳定性适应,运动技能学习进入运动技能的分化阶段。

在运动技能的分化阶段,运动员的运动技能学习和发展主要表现为,经过系统、长期的竞技体育运动训练之后,运动员的大脑在身体练习过程中的神经兴奋比较集中,大脑对动作技能的分化抑制获得发展,能认识和改正错误技术动作,能顺利完成各项技术动作。

需要特别提出的是,由于此时人体大脑皮层处于分化阶段,因此,运动员的各技术动作的动力定型还没有完全形成,在竞技体育运动训练过程中,技术表现会时好时坏。

3.运动技能的自动化

在长期的竞技体育运动训练中,运动员通过不断重复进行运动技能实践练习,可以建立起身体和大脑对运动技术动作的条件反射系统,从而实现运动技能的自动化状态。在这一阶段,大脑神经对运动技能的时间、空间上的判断更加精准,大脑皮层已建立起对技术动作较稳定的条件反射,大脑对技术动作完成的各种条件的联系逐渐达到自动化程度,使兴奋集中,内抑制巩固。

在运动技能的自动化阶段,运动员的技术动作开始变得协调、准确、优美,并形成稳定正确技术的动力定型。此时,运动员的技术动作已经非常成熟,即使受到外界干扰,也能准确、完整地完善技术动作。

(二)原理指导

(1)结合运动技能的泛化阶段中,运动员的技能学习和发展的特点:这一阶段,竞技体育运动训练的主要任务应使运动员建立正确的动作表象,使运动员能掌握复杂动作的重点环节,完成运动技术动作,不要过分强调完美的动作细节问题。

(2)结合运动技能的分化阶段中,运动员的技能学习和发展的特点:该阶段,竞技体育运动训练的主要任务是纠正运动员错误的动作技术,让运动员能把握动作技术的细节,促进大脑初步建立起对错误动作技术的抑制。同时,教练员和指导员应该及时纠正运动员的错误,强化运动员对正确技术的反复练习,让运动员加强练习,进而建立正确动作的动力定型,提高训练效果。

(3)结合运动技能的自动化阶段中,运动员的技能学习和发展的特点:在该阶段,运动员粗略掌握一般的技术动作就可以了。在该阶段的竞技体育运动训练实践中,教练员和指导员不要过于求全而责备运动员,不要急于求成,应对运动员的技术训练表现多鼓励、多表扬,增加运动员持续参加技术训练的积极性和自信心。

(4)在不同的体育运动项目的技术技能训练过程中,教练员应遵循具体的体育运动项目的动作技能的形成与发展理论的规律,使运动员先对运动基本技能有正确的了解,然后通过反复不断的练习在大脑中形成正确的动作定型,最后达到动作技能应用的自动化。

(5)不同运动员的协调性、模仿能力、接受能力、身体素质等存在着差异,他们完成这三个阶段的时间不可能一致,所需要的练习量也不可能完全相同。因此,教练员应根据不同的运动员的实际情况,区别对待,因材施教,使运动员的技术技能训练更具针对性。

四、边际效应原理

"边际"指的是事物在时空维度上的界限或边缘,它体现的是数量概念。"效应"指的是心理满足程度,它反映的是心理感情强度。"效应"随"边际"的变化而变化,即心理感情强度随数量的变化而变化。例如,日常生活中我们占有某一事物的数量不断增加,心理对该事物的需求欲望就会相应下降,这就反映了一种边际效应递减的现象。

(一)竞技体育运动训练边际效应的规律

边际效应体现了人的主观感受的变化,具体来说,就是个体对某一事物预期的感情强度的变化。人对某一事物有了预期后,越临近预期的效果,这种感情强度就越激烈,感情强度随所期待的事件的变化而变化。

边际效应具有以下几个规律和特征。

1. 时间性

边际效应的时间性主要指的是效应的渐渐衰退,可以解释为组织内部的效能随时间的延续及整体的不断磨合而发生衰退性变化。运动员如果长期采用单一的方法进行训练,那么该训练方法所带来的训练效果会越来越不明显,运动员竞技能力也提高得越来越慢。

2. 空间性

如果以过于统一或习以为常的方式开展运动训练工作,那么运动员竞技能力的提升空间就很小,或者竞技能力的变化小,体现不出弹性化发展的效应,这时如果要取得新的突破,增加弹性空间,就要重新组合竞技能力结构。

3. 组合性

广袤的空间与绵延不绝的时间在组合上有各种各样的可能性。在竞技体育运动训练中,一般性的训练方法很容易受关注和重视,而最终结果即训练的边际效应却经常被忽视。

(二)原理指导

1. 变化训练环境

在竞技体育运动训练中,训练场地、训练设施可适当调整与变化,使运动员对外界环境的适应力不断提升。环境的变化可以产生很多刺激源,从而激发运动员的潜力,使运动员机体生物环境也发生相应的积极性变化,这有助于提升训练的边际效应。

2. 变化训练方法

一种固定的训练方法对人体的刺激是一定的,长期在同一种方法的刺激下,运动员的应激能力就会保持一定的水平而没有明显变化,而且如果继续施加这种刺激,反而会降低机体的边际效应。因此只有不断变化与调整训练方法,使用新的方法进行训练,才能进一步提高运动员的应激能力,提高竞技体育运动训练的边际效应。

3.训练手段的多种组合

以多种多样的方式将不同的训练手段组合起来,不断创造新的组合训练方式,可以使运动员在不断的新刺激中提高应激能力,从而提高训练刺激对其体能及技能发展的边际效应。

第三节 竞技体育运动训练的原则与方法

一、竞技体育运动训练的原则

（一）动机激励原则

1.原则概述

动机激励原则是指通过有效激发运动员的主动性,提高其自觉进行艰苦训练的动机和行为的训练原则。这一原则通过各种方式和途径,试图启发运动员的训练积极性和主动性,提高其内驱力,从而能够独立、自主、创造性地进行刻苦训练,并能够在训练过程中进行自我调控、自我疏导,做好刻苦训练的心理准备。

2.理论依据

（1）成功动机是重要的原动力

渴望成功是绝大多数人的内在愿望,希望实现自我价值,获得社会的认可,完成自我实现对于运动员而言,是不断推动其进行训练的强大动力。美好的愿望和成功的愿景激励和鼓舞着日复一日进行的艰苦训练,并能不断克服各种挫败、伤病带来的困扰和障碍。运动员之所以能自觉克服重重困难,就是因为具有强烈的成功动机。和普通的社会工作相比,职业运动员需要付出巨大的努力,而结果又充满不确定性。在这种情况下,只有强烈的成功动机才能激励着运动员自觉地献身于训练与比赛之中。对于运动员而言,其训练的主要目的在于提高训练水平和比赛成绩,有了这一动机后才能自觉参与运动。

（2）通过持续激励保持斗志

运动员多年坚持系统的刻苦训练往往承受着巨大的心理负荷与生理负荷。例如,不断困扰运动员的伤病、竞技水平发展的瓶颈期、人际关系的竞争压力、未来的不确定感等,都对运动员的心理和生理带来极大的挑战,会使运动员感到挫败与退缩,甚至失去信心直至放弃。

因此,在竞技体育运动训练过程中需要不断地激励运动员保持良好的动机,使其及时肯定自己的努力成果,对自己、对未来保持信心。对于运动员来说,感受到阶段性成就是莫大的鼓舞,是继续前行的巨大动力。

（二）竞技需要原则

1. 原则概述

竞技需要原则是指从真实比赛出发,以比赛的标准和要求作为训练的标准和要求对运动员的竞技能力进行训练与培养,通过科学安排训练计划、训练内容、训练手段、训练负荷等,逐渐提高训练效果,完成训练目标。竞技需要原则是先进的训练原则,其相比于传统的被动式训练更能够使运动员的竞技能力得到明显提升,更加体现了现代竞技体育运动训练的针对性和实战性,是竞技体育运动训练的主要指导原则。

2. 理论依据

（1）训练目标的竞技需要

训练目标是训练行为的方向,也是训练行为的终点。运动员的一切训练行为都是为了实现某个训练目标,因此,在训练行动开始之前,要先明确训练目标。如果没有目标,行动是散乱的、无序的,最终也是徒劳的。

（2）专项竞技的特异性

不同的运动项目对运动员的竞技能力有不同的要求。因此，在竞技体育运动训练中，首先要全面、深入地认识从事项目的竞技能力特点与要求，了解运动员所具备的能力水平和优势，清楚哪些方面需要尽快提高，只有这样才能准确地进行与专项竞技需要相符合的训练，对训练内容、训练手段及训练负荷进行非常明确的安排与实施，提高训练的有效性和针对性，争取使运动员尽快达到理想的能力水平。假如忽略专项竞技的需要，盲目全面训练，往往会事倍功半，并打击运动员训练的自信心和积极性。

（三）适宜负荷原则

1. 原则概述

在竞技体育运动训练中，对运动负荷的把握是训练的核心，也是训练的难点。在增加负荷时，需要遵循人体的基本发展规律，考虑运动员个体的特性，选择适宜的负荷进行训练。任何以提高运动员竞技能力为目标的训练都应贯彻适宜负荷的训练原则。适宜意味着训练目标不能脱离实际，训练负荷不能过大或者过小，负荷过小无法引起机体必要的应激反应，若过度负荷又会出现劣变反应。

2. 理论依据

（1）机体的生物适应现象

机体的应激以及适应变化往往保持在一个适度范围内。在这一范围内，负荷量越大，对机体的刺激越深，引起的应激越强烈，机体变化也就越明显，竞技能力的提高也越加明显。

（2）过度负荷带来劣变现象

如果负荷控制不得当，如负荷过大，远远超过了人体当下的接受能力，那么会带来负面作用。也就是说，运动负荷量并非越大越好，这是因为，机体的生物适应现象只发生在适宜的条件下，也就是负荷适宜、方法适宜等，如果负荷超过了机体的承受范围，会直接给机体带来损伤。需要注意的是，过度负荷不仅仅是指生理方面，同时也包括生物体的心理方面。无论是过度的生理负荷，还是过度的心理负荷，都会引起机体不适应的症候。而且,心理不适应和生理不适应的反应不是完全割裂的,某些症候是复合的,过度的生理负荷有时也会引起心理不适症状。当运动员在训练中出现不适应症候时,应充分休息,采取措施积极恢复,否则会对机体造成严重危害,甚至影响运动生涯。因此,在竞技体育运动训练中要注意采用适宜负荷,避免运动员机体发生劣变现象。

(四)区别对待原则

1. 原则概述

区别对待原则也是常见的竞技体育运动训练原则,它指的是在训练过程中,需要以人为本,对不同运动员区别对待,目的是争取让每个运动员都能在最佳状态下进行训练,使每个运动员都获得最佳训练效果。在制定训练目标、选择训练内容、安排训练负荷时,都要做到区别对待。即便是同一个运动员,在不同的时间也会呈现不同的状态,如果在运动员的不同状态下都采用同一种训练方法或者训练负荷,就不能称作是科学的训练方法,训练效果必然会大打折扣。

2. 理论依据

(1)运动专项竞技需要的多样性

区别对待原则首先是源于对不同项目的研究。体育运动项目多样,不同运动项目对运动员的要求具有一定的差异性,不同专项运动员的竞技能力也是千差万别的,因此不同运动项目的专项训练其目的和内容均不相同,应区别对待。

(2)运动员个性的多样性

每个个体都是独一无二的,每一名运动员具有各自独特的身体条件、运动条件以及个性,因此,要想挖掘和发挥他们的最大潜能,就需要遵循区别对待原则进行训练。

（五）自觉性原则

1. 原则概述

自觉性原则是指，在竞技体育训练过程中运动员应自觉听从教练员的指导和安排，并且具有一定的自律意识，能够自觉、主动地练习，主动体会训练的意图，将训练目的与训练过程有机联系起来。运动员还应自觉参与制订训练计划，主动向教练提出自己的训练诉求，和教练员共同完善训练计划，并自觉为将要参加的比赛作准备。自觉训练应成为运动员内化的思想意识，这对运动员持续进行训练具有积极意义。

2. 理论依据

（1）在竞技体育运动训练中要充分发挥运动员的主观能动性。运动员始终是训练的主体，是技能的接受者。运动员应当有意识地承担起运动训练主体的责任。事物不断发展，外因只是事物变化的条件，内因才是变化的根本，运动员只有自觉训练才能推动运动训练可持续发展。

（2）在竞技体育运动训练中贯彻自觉性原则的另一个依据是运动员对所从事项目的热爱，对训练目的和训练作用的主动认可和接受。也就是说，当运动员对自身未来发展有规划，对自身从事的竞技体育项目产生强烈认同感时，就会产生参与训练和比赛的积极情绪。

二、竞技体育运动训练的方法

（一）重复训练法

重复训练法是指重复同一个练习且安排相对较充分间歇时间的训练方法。通过多次重复某一练习，一方面可以刺激训练强度，达到理想的负荷，另一方面可以巩固对单一动作的熟练程度。

采用重复训练法时，要求在高强度状态下完成训练任务，高质量、高标准地完成每次练习。一般来说，重复训练法具有间歇时间相对充足的特点，为了保证磷酸原供能系统的再合成，间歇时间一般 3～5 分钟。

如果在某一训练中,间歇时间过短,有可能发生供能系统转移的情况,不利于训练的顺利进行。

(二)间歇训练法

间歇训练法是指在训练过程中严格规定次与次、组与组之间的间歇时间,要求机体在不完全恢复状态下反复训练,有助于提高机体抗乳酸能力和持续运动的能力。

间歇训练法最显著的特点是严格限制间歇时间,使机体在不完全恢复状态下再次进入运动状态,使机体代谢产生明显变化。所以说间歇训练法在各种训练方法中总负荷相对较大。在竞技体育运动训练中,一定要依据运动员的具体实际合理地安排运动负荷和间歇时间,确保机体的有效恢复,这有利于下一步的训练。

(三)循环训练法

循环训练法是指在训练过程中,练习者按照设置点位的形式,依据一定的路线、顺序逐个完成每站训练任务的一种训练方法。循环训练法在结构上包括每站练习的内容和负荷,站与站之间的顺序、间歇,组与组之间的间歇,站点总数以及循环组数。

循环训练法对整个训练结构要素有较为严格的要求,不仅规定了训练内容、强度、持续时间、间歇时间等,还要求按照给定的顺序依次完成训练任务。此外,循环训练中平均每个站点的负荷相对较小,但总的负荷非常大,对运动员的心肺功能有较高要求。

在竞技体育运动训练中采用循环训练法,设置多个点位,如上肢力量练习、各种步法练习,通过安排一系列站点与内容,充分满足运动员的训练需求,这对于提高训练效果具有重要意义和作用。

采用循环训练法可以激励运动员克服困难、挑战自我、超越自我。采用循环训练法还可以预防训练主体在训练中产生枯燥乏味的消极情绪,多样化的训练可以促使运动员更好地坚持下去,顺利完成训练任务。

（四）变换训练法

在竞技体育运动训练中，引起运动员良好训练适应的一个重要因素是恰到好处的训练变化。当运动员进入新一轮训练，准备完成新的训练任务时，刚开始训练效果会很明显，运动水平会得到快速提升。但训练一段时间后，如果训练计划和负荷类型依然保持原状，那么运动水平提升的速度就会减慢。有时单调式的过度训练就是因为训练中缺乏变化而导致的。如果训练刺激长期不变，运动员的训练热情就会慢慢减退，训练效果也不会很明显，运动成绩甚至会出现下滑的迹象。有研究指出，运动员训练效果不佳与单一重复的训练计划直接相关。

运动训练的单调性可以采取周期训练的方式来克服，周期训练也能够使运动员的生理适应得到本质上的增强。一直保持单一重复的训练计划和不断变化训练计划都是不可取的，周期训练是一种折中手段。周期训练中，训练变化必不可少，对训练负荷和训练内容的适度调整与改变能够使运动员在体能训练中达到最佳训练适应状态。如果一直采用一种训练计划，或训练变化不合时宜，那么很可能因为神经系统疲劳，无法正常接受刺激并产生预期的生理适应，从而导致运动员几乎不可能达到最佳运动能力。

训练变化的形式是多种多样的，如在小周期的训练中，训练变化主要是通过对训练量、训练强度、训练形式以及训练密度等因素的调整与改变而实现的。此外，也有研究指出，要引起训练变化，也可以将新的训练任务引入训练计划中，或者对特定练习方式进行周期性组合。这种训练变化方式能够促进运动员训练适应的增强，而如果在执行新的训练任务时发现运动员的训练适应并没有达到预期，也可以从训练计划中移除该任务，再用全新的、能够引起运动员训练兴趣和良好训练适应的练习方式来补充与替代。

要提高运动训练的质量和效果，需要在训练时对训练内容、训练形式以及训练负荷等进行变换调整。通过变换与调整训练形式，能够激发运动员的训练兴趣，促进良好训练效应的产生；通过变换与调整训练内容，能够促进运动员身体素质的全面发展和运动技能的提升；通过改变训练负荷，能够使机体适应不同负荷刺激，促进机体组织系统功能的改善。

第二章　竞技体育运动训练的理论与方法

为了提高变换训练法的适用性,需要根据需要目的而灵活改变训练因素,除了改变训练形式、训练内容和训练负荷外,还能改变训练时间,如果遇到训练时间与突然的训练任务发生时间冲突时,需要灵活调整训练时间。这一训练法适用于多数项目的训练。

（五）游戏训练法

游戏训练法是以游戏方式进行训练的方法。游戏训练法有明确的游戏规则,运动员在规则范围内进行主动性和创造性的活动,从而完成游戏任务,达到预期目标。这一训练方法具有较强的趣味性,能在一定程度上吸引运动员的注意力,激发其参与训练的兴趣。

游戏环境是不断发展和变化的,运动员在遵守游戏规则的同时需要在不同的环境下灵活应变,将自己的能动性和创造性充分发挥出来。运动训练中可以采用多种多样的游戏内容与形式,不同体能水平、运动水平的运动员都可以找到适合自己的游戏训练方法,针对不同的训练内容也能灵活设计游戏训练方式,可见游戏训练法的应用非常灵活。

在竞技体育运动训练中设计与选择游戏,要参考训练任务、训练目的、训练对象的特点以及训练内容等诸多因素,要有针对性地设计与选用游戏,提高游戏训练的科学性。

（六）竞赛训练法

竞赛训练法指的是在通过各种竞赛方式(身体素质竞赛、游戏性竞赛、训练性竞赛、适应性竞赛、测验性竞赛等)组织训练的方法。该方法能有效提高运动员的训练水平和竞技能力。

在竞技体育运动训练中运用竞赛训练法需注意以下两点：
（1）在恰当的时机组织竞赛,明确竞赛规则。
（2）在竞赛中结合运动员的具体实际安排适宜负荷。

（七）综合训练法

在竞技体育运动训练中,根据训练目标、任务和需要,把上述各种训练方法组合起来设计训练方案并实施该方案的方法就是综合训练法。

综合训练方法能全面提高运动员的身体素质,增强运动员的运动技能和比赛能力,且不易过早出现疲劳。需要注意的是,竞技体育运动训练中采用的训练方法并非越多越好,而要根据训练任务、训练目的、训练内容、训练环境与条件及训练对象的自身条件而选择几种训练方法组合搭配,综合运用不同方法的优势来达到最佳训练效果。

第四节 竞技体育运动训练计划的制订

一、多年训练计划的制订

制订竞技体育多年训练计划是一个系统过程,关系到运动人才的整个竞技体育运动训练和比赛效果与成绩的表现,其对运动员的培训培养有着方向性指导作用。

(一)多年训练计划的目标

多年训练计划的训练目标关系到运动员的整个成材过程,因此应统筹安排、整体规划。具体来说,多年训练总目标的确定,应从多个角度整体对运动员的各种情况进行了解,同时,要统筹兼顾运动员所参与的运动项目特点以及竞技体育运动训练的任务等,考虑运动员的训练进度与竞技潜力、未来发展。

(二)多年训练计划的内容

1. 准备性部分

多年训练计划准备部分,应全面、系统分析运动员基础情况,以为具体多年训练计划的制订提供必需的信息和依据。运动员之间的各项身心指标和训练适应等都是不相同的,这就要求训练要因人而异,而不能千篇一律。具体来说,就是要在统一要求的基础上,针对不同运动员的特点有区别地进行差异化的训练,充分结合少年儿童运动员的实际情况,使竞技体育运动训练既能被运动员接受,又能有效促进运动员的竞技能力提高和创造优异成绩。

2. 指导性部分

（1）阶段划分

竞技状态、训练适应都有其客观的规律,训练阶段划分应充分考虑运动员的身心发育、发展、适应。

（2）各阶段的任务

①儿童全面训练阶段(8～12岁):培养儿童对相关运动的兴趣,促进发育,增强体质,发展基本运动素质,学习多种活动技能。

②基础训练阶段(13～14岁):全面发展身体素质,促进发育,学习和掌握运动专项基本技术,发展专项基础素质。

③初级训练阶段(15～17岁):进一步全面发展各专项身体素质,提高专项素质;进行初期专项训练,提高专项技术训练水平,并加强心理训练。

④专项提高阶段(18～19岁):继续加强全面身体训练、提高专项素质,提高专项技能、提高比赛心理。

⑤高级专项训练阶段(20岁以上):强化各专项素质和专项能力,充分挖掘潜力,加强比赛心理训练,创造和保持高水平运动成绩。

（3）训练内容安排

重点做好各阶段的一般训练、专项训练的安排比例,随着训练的深入,一般训练的比例应该逐渐减少,专项训练的比例应逐渐提高(表2-1)。

表2-1 多年训练计划各阶段训练内容比例[①]

阶段＼比例＼内容	一般身体训练	专项身体训练	技术训练
基础训练阶段	60%	20%	20%
初级训练阶段	40%	30%	30%
专项训练阶段	30%	35%	35%
高级训练阶段	20%	40%	40%

① 胡亦海.竞技运动训练理论与方法[M].北京:人民体育出版社,2014.

二、年度训练计划的制订

（一）年度训练计划的任务

年度的训练计划的总任务是通过本年度的训练安排提高运动员的运动成绩幅度,并计划达到既定的运动后备人才阶段性身体素质指标、技术、理论、心理等各项指标。

（二）年度训练周期的安排

年度训练大周期有单周期(单周期双高峰)、双周期和多周期等不同类型,分别适用于不同专项训练。

1. 单周期

单周期即全年训练安排一个完整的大周期,适用于运动项目不多的年度训练。单周期训练往往适用于需长达4～6个月的时间准备或取得训练效果,或每年只能在集中的几个月份参加比赛,或为了准备比赛需要用较长的时间去创编新动作和套路的技能主导类表现难美性项目。

随着训练活动的效率不断提高,单周期当前已经较少采用。

2. 双周期

双周期是指全年训练按两个完整的大周期组织实施,它包含准备时期、比赛时期、过渡时期各两个,是一种常用的年度安排模式。

竞技体育运动训练实践中,体能主导类的速度力量性项群、耐力性项群中的大多数项目,以及技能主导类项群的单人项目等都采用双周期安排。

3. 多周期

多周期训练的训练周期为3个或以上,通常来说,这种多周期竞技体育运动训练需要运动员利用3～4个月的时间有效提高实战比赛能力。

第二章 竞技体育运动训练的理论与方法

年度训练计划制订者应系统地思考整个训练年度和各季度、周期的训练工作,以便于科学控制训练进程和实现训练效果。年度训练计划可用文字叙述,亦可用图表表述(表 2-2)。

表 2-2 年度训练总体规划表[①]

项目:		运动员:	性别:	年龄:	训练年限:
主要任务:					
类别		运动员现实状态	年度训练的目标		
运动成绩					
技能					
素质					
技术					
战术					
形态					
心理					
智能					
负荷					
时期		准备期	比赛期	过渡期	
时间					
主要任务					
比赛安排					
负荷变化总趋势					
主要手段及负荷要求					
恢复措施					
检查评定的内容、时间					

① 胡亦海.竞技运动训练理论与方法[M].北京:人民体育出版社,2014.

三、周训练计划的制订

(一)周训练计划的类型与任务

根据小周期训练的目的的不同,可以将小周期分为不同的类型,常见的主要有三种,即训练小周期、比赛小周期和恢复小周期。

1. 训练小周期

训练小周期还可以根据不同训练任务进行细分,如"引导性"小周期、"发展性"小周期、"冲击性"小周期、"稳定性"小周期。每一种训练周期类型都具有不同的特点,要结合具体的训练目的进行确定。

在基本训练周,应通过改变负荷引起新的生物适应现象,提高运动员的竞技能力。

2. 比赛小周期

比赛小周期是指即将参加的主要比赛的小周期,根据参赛性质和比赛目的的不同,可以将比赛性小周期分为多种类型,如为适应比赛开展"准备性"周期训练,为参赛或赛前进行的"打基础"周期训练,为创造成绩"比赛"周期训练等。

通过训练应使运动员在比赛前和比赛中达到最佳竞技状态,并进行最后的调整训练和参加比赛,力求创造优异成绩。

3. 恢复小周期

恢复小周期的任务是通过练习与场地改变及负荷量的降低而达到积极性休息的目的。恢复周的安排多在比赛期激烈、紧张比赛后的过渡期和大负荷训练周后。

恢复周训练的主要任务是通过降低运动负荷及采用各种恢复措施消除运动员生理上和心理上的疲劳,促进运动员恢复,为下一阶段训练和比赛做好准备。

(二)周训练计划的内容

1. 基本训练周

发展一般身体素质和部分专项身体素质的训练手段,全面提高运动员竞技能力,使运动员更好地掌握和改进运动技术。

2. 赛前诱导周

训练内容与基本训练周训练差不多,只是训练内容的专项化特点更加突出,训练组织和实施更加接近专项比赛特点。这一时期,一般身体素质训练会有所减少。

3. 比赛周训练

多安排在赛前 3～5 天进行,训练强度先是超过比赛强度,然后再安排 1～3 天的恢复性训练,使运动员保持良好的竞技状态,以便在比赛中充分发挥实战能力。

4. 恢复周训练

多采用一般性身体练习和游戏性练习,使运动员放松、恢复。

周训练计划安排用表如表 2-3 所示。

表 2-3 周训练计划安排 [①]

时间: 年 月 日～ 年 月 日				周次:
训练阶段:			训练类型:	
主要任务:				
星期	任务	内容手段	负荷	恢复措施
周一				
周二				
周三				
周四				
周五				
小结				

① 杨桦,李宗浩,池建.运动训练学导论[M].北京:北京体育大学出版社,2007.

四、训练课计划的制订

(一)训练课的类型与要求

1. 体能训练课

体能训练课主要内容为身体素质训练。训练实践过程中,应采取多样化的训练手段和方法提高运动员的训练积极性,并合理安排一般和专项运动素质的比例。此类课多在大周期准备阶段进行。

不同身体训练内容在体能训练课中的安排不同,一般来说,快速力量练习和速度练习应在课的前半部分进行,课中安排耐力素质练习。整个训练中要合理把握运动员身心状态,以提高训练效果。

2. 技战术训练课

技战术训练课主要是进行各类技战术的训练,以及发展专项技战术的辅助性训练。技战术训练课中,应明确训练目的,合理确定训练内容和训练方法,科学安排训练负荷。

在技战术训练课中,要注意及时纠正运动员的技战术错误,加强运动员对技战术的理解和应用,并提高运动员的比赛实战能力。训练过程中,应注意科学地安排练习程序,使运动员渐进性地掌握技战术。

3. 综合训练课

综合训练课训练内容较多,应合理安排各部分内容。这就要求在训练中必须全面、综合考虑运动员素质、能力,以促进运动员素质、能力的全面提高与发展。素质、技术、战术及心理等内容应紧密结合,为最终的运动实战能力提高服务。注意不同训练内容的合理组合,注意负荷的合理分配。

4. 测验、检查和比赛课

通过比赛课可以提高运动员的运动兴趣和增长比赛经验。课的内容、测试的手段要根据训练计划要求予以安排。训练过程中,注意测试项目及测试方式的合理性与科学性,以准确、客观地反映运动员的训练状态。

(二)训练课的结构

1. 训练课的准备部分

训练课的准备部分,主要在于使运动员进入良好的训练状态,为之后的一系列训练奠定良好的身心基础。通过丰富的训练手段与内容可以使运动员尽快调整身心状态,调动生理机能,从安静状态逐步进入运动状态。需要特别注意的是,由于不同运动员运动适应不同,应注意训练手段和方法的差异化。

2. 训练课的基本部分

不同竞技体育运动训练项目,训练结构和持续时间不同,即使是同一运动项目,不同训练时期的这种差别有时很大。究其原因,课的训练是周、年度、阶段训练的组成部分,应承上启下,为总训练目标和任务的实现服务。因此,要根据运动员竞技水平发展的需要确定基本部分的训练安排。

3. 训练课的结束部分

在现代竞技体育运动训练中,恢复是训练的重要组成成分。训练课的结束部分应通过训练活动的开展使运动员技能提升、合理恢复。训练课的结束意味着运动员全面恢复的开始,因此训练课结束部分多安排放松、整理活动内容。

课训练计划安排用表如表 2-4 所示。

表 2-4　课训练计划安排[①]

课的任务			负荷要求			
阶　段	训练手段	时间	负荷量强度要求	技战术要求	组织形式	场地器材
准备活动						
基本练习						
生理活动						

---

① 杨桦,李宗浩,池建.运动训练学导论[M].北京:北京体育大学出版社,2007.

续表

课的任务			负荷要求			
阶　段	训练手段	时间	负荷量强度要求	技战术要求	组织形式	场地器材
恢复措施						
小结						

第五节　竞技体育运动训练管理

竞技体育运动训练是一个动态变化的复杂系统,受到诸多内外因素的影响,要有计划、有步骤地组织竞技体育运动训练活动,取得理想的训练效果,实现预期的训练目标,就必须加强对竞技体育运动训练的科学管理。管理既要科学,又要严谨,要贯穿竞技体育运动训练的全过程,从而为提升运动员的训练成绩和竞技能力提供良好的保障。

一、竞技体育运动训练管理的原理

（一）系统原理

系统原理是运动训练管理的基础原理之一。将系统理论运用到运动训练管理中,要求将运动训练管理作为一个整体的系统看待,对系统的基本运行规律从整体上把握,系统分析和优化各方面的管理问题,并以管理目标和动态变化的管理环境等为依据对系统的运行及时调整和控制,最终促进管理目标的顺利实现。

基于系统原理的运动训练管理是将管理组织作为开放性的社会系统而开展管理工作,管理组织不仅具有一般的系统特征,还具有目的性、集合性和适应性。

1. 目的性

管理组织的目的性是具有代表性的一项特征,管理组织不可能脱离目的性而形成,无论哪种类型的管理组织,其目的都是鲜明而独特的,这是管理组织存在的重要前提。

2. 集合性

任何一个组织的构成都至少包含两个人,社会系统的形成是建立在人际关系和群体关系基础上的。所以,运动训练管理组织系统是一个由诸多因素及各因素内在关系而组成的集合。

3. 适应性

运动训练管理组织要主动适应生存环境,随环境变化灵活调整结构,如果与环境格格不入,无法适应环境,将会走向消亡。管理组织不仅要主动适应环境,还要能动地对环境进行改造,但改造环境必须建立在适应环境的基础之上。

(二)人本原理

人本原理是运动训练管理的重要原理,是从管理角度认识与探讨人的本质属性的科学理论。人本原理的形成与发展经历了漫长的过程,是在深入探索人性理论的过程中产生的。人本原理促进了管理学内容的丰富,给整个管理理论的发展带来了生机与活力。

人本原理指出,在管理系统中,居于核心地位的是人,与人相关的因素是管理系统的首要因素,发挥着重要作用。管理者在开展管理工作时,要对人际关系的处理、维持给予高度重视,将人的能动性和创造性充分调动起来,将管理的根本落在"做好人的工作"上,使管理对象明确管理目标、明确自身职责与价值,自觉配合管理。

(三)动态原理

动态原理也是运动训练管理的一个重要原理,其含义主要体现在以下两个方面:

第一,管理系统内部的结构、功能是相对稳定的,因此系统的运行也是稳定有序的,但系统内各要素和系统运行的条件有时会发生变化,这时系统也要适时调整。

第二,管理本身是一个独立的系统,但它也是更大管理系统的一个子系统,母系统的变化必然引起管理系统的变化。

从动态原理的含义来看,将动态原理运用到运动训练管理过程中,必须对系统内与系统外的影响因素与制约条件予以考虑。

动态原理的含义也反映了动态原理的有序性和适应性特征。

1. 有序性

有序性是指管理组织按照一定的科学规律有序、稳健地运行,而非杂乱无序地运行。系统内各要素按自身发展规律有条不紊地运动,进而使系统有序运动,这个动态循环状态是环环相扣、有始有终的。

随着系统内部环境与条件的变化,系统主动进行相应调整,这使系统的原有运行规律发生变化。这个变化是有计划、有程序的,变化是为了更好地适应环境。

2. 适应性

动态原理具有适应性特征,管理组织本身是一个随环境变化而变化的动态系统。系统内环境与外环境对管理组织有不同程度的影响,对内外环境的变化进行分析,使系统快速适应不断变化的环境,满足内外环境的变化要求,提升动态管理效率。

正因为动态原理具有适应性特征,将动态原理运用到运动训练管理中才能解决管理系统运作中遇到的难题,促进管理系统有条不紊地运作,促进系统适应能力和应变能力的增强。

二、竞技体育运动训练管理的常见方法

(一)法律管理法

法律管理法是指运用体育相关法律、条例等对竞技体育运动训练中的各种管理进行调节,以保障竞技体育运动训练正常进行的管理方法。

采用法律管理法时，不仅涉及各项法规的建立与健全工作，还涉及相关的仲裁与司法工作，这些管理工作密切关联，相互影响。

从本质上来看，法律管理法就是运用上层建筑的力量对训练活动施加作用的管理方法。颁布符合客观规律与要求的各项法律法规，将其运用到竞技体育运动训练管理中，能够促进竞技体育运动训练的有序发展。采用法律管理法时，要强调法律的强制性、严谨性，从而加大管理力度，提高管理效果。

法律管理法有自身的弊端，如缺少弹性和灵活性，从而容易导致竞技体育运动训练管理的僵化和死板，对基层组织主动性和创造性的发挥造成了限制。为弥补这一不足，应将法律管理法与其他比较灵活的管理方法结合起来共同运用于竞技体育运动训练的管理中。

综合使用法律方法和其他管理方法的原因还包括，法律管理法并不能将竞技体育运动训练中的所有问题都解决好，竞技体育运动训练中的经济关系、人际关系、社会关系等有时不适合运用法律方法去调整，而需要采用其他管理方法，综合使用各种管理方法才能提高管理效果。

（二）行政管理法

行政管理法是按照行政系统的规范，采用行政手段，发挥行政组织的权威性而实施管理的一种方法。在竞技体育运动训练管理中采用行政管理法时，要对行政组织中的职位、职务、职权、职责给予充分的重视。行政管理方法中常见的行政手段有命令、规定、指示、决议等，行政管理的实施程序一般是上级发布命令，下级执行命令，上级督查命令执行情况并调节处理执行命令中遇到的问题，这几个步骤是环环相扣的。

行政管理法有自身的局限性，因此必须正确运用这项管理方法，将其作用充分发挥出来，才能克服其局限性带来的不良影响。

在竞技体育运动训练管理中采用行政管理法时要注意以下几点。

首先，管理者要清楚，服务才是行政管理的本质和根本管理目的，不以服务为目的的行政管理必然会引起一些不当现象或行为，如不遵守规章制度和道德规范，个人利己主义倾向等。但如果在管理中忽视了行政方法的重要性，也难以贯彻服务宗旨、实现服务的目的。

其次，管理者的素质决定了行政管理的效果，采用行政管理法进行竞技体育运动训练管理，要求管理者具备很高的综合素质，尤其是具有很强的管理能力,要求管理者具备以理服人、以德服人的智慧和能力。

再次,运用行政管理法时,管理者要统筹全局,提出统一性要求,并建立灵敏有效的信息系统,及时获取有效信息,根据综合分析判断而做出决策。上级管理者既要向下级管理者传达行政命令,又要发送各种预测和反馈信息,为管理工作的开展提供参考。

最后,行政管理法强调职位和职权,所以约束力较强,执行起来比较顺利,容易得到下级执行者的配合。但正因如此,下级执行者的利益要求也常常被忽视,这不利于对下级工作积极性的调动,容易导致下级在执行管理工作时缺乏动力,从而影响管理效率和最终效果。鉴于此,在竞技体育运动训练管理中也要将行政管理法与其他管理方法结合起来使用,取长补短,共同发挥作用,提升管理水平。

（三）宣传教育管理法

竞技体育运动训练管理的宣传教育法是指通过各种形式的宣传教育途径或方法来达到管理目的的方法。宣传教育法具有引导性、说理性、灵活性、多样性和表率性等特征,能够启发管理者和被管理者的积极自觉性,从而使管理者与被管理者都自觉遵守管理制度,按规章制度开展或配合管理工作,这也有利于发挥管理的教育作用。

（四）经济管理法

经济管理法是指依据市场经济规律,采用经济手段对不同经济主体之间的利益关系进行调解,从而达到理想管理效果的方法。经济手段有宏观和微观两种类型,前者包括税收、价格、信贷等,后者包括工资、经济合同、奖金等。各种经济手段都有自己的重要作用和使命,在不同领域发挥举足轻重的价值。

在市场经济条件下,竞技体育运动训练发展水平不断提升,经济管理法作为一种基本管理方法,在竞技体育运动训练管理领域的重要意义越来越突出,也越来越受竞技体育运动训练管理者的重视。经济管理法和其他管理方法一样,有自己独特的功能、适用范围和使用场景,所以要具体结合竞技体育运动训练的实际情况来合理使用经济管理法。

在竞技体育运动训练管理中使用经济管理法时,为了防止管理失效,要先确定是否存在经济利益关系,相关经济主体是否有对物质利益的追求,只有先肯定了这两点,才能运用经济管理法,而且使用过程中也要注意各种经济手段的使用限度。例如,利用奖金这一经济手段可以刺激运动员训练的积极性,但设置奖金要有限度,超出限度,奖金不仅起不到激励作用,还可能引起内部矛盾。

需要注意的是,经济管理法不适合用于对运动员的思想政治教育和职业道德教育中,否则容易使运动员产生利己主义倾向,从而误导运动员的思想价值观。

经济管理法同样有自身的局限性,在实际运用中需要与其他管理方法结合使用。一般来说,经济管理法与下列不同管理方法的结合运用能够起到不同的效果。

第一,将经济管理法与法律管理法结合起来使用,能够促进经济管理法规范性的强化与法律效力的提升。

第二,将经济管理法与行政管理法结合起来使用,能够促进经济管理手段权威性的增强。

第三,将经济管理法与宣传教育法结合起来使用,能够更好地把握运用时机,从而发挥经济管理法的效力。

第六节 竞技体育运动训练的创新与发展

一、竞技体育运动训练创新的内涵

竞技体育运动训练创新,是为提高运动员的竞技能力和取得竞争优势为目标,实现改变主体认识、变革训练管理制度、开发新技术等的综合活动和过程。

竞技体育运动训练是一个科学的、系统的过程,由于理论对实践具有重要的指导作用,因此,可以从竞技体育运动训练的新认识入手,来实现竞技体育运动训练实践的创新。

但是,必须充分认识到,随着现代人视野的开阔、思维的发展、技术的发展、社会等诸多方面的变化,也使得竞技体育运动训练活动在认知与实践中不断发展。在运动创新过程中,竞技体育运动训练的创新不仅仅限于思想认知的创新、竞技体育运动训练实践方法的创新,与竞技体育运动训练相关的任何要素创新都应该被纳入竞技体育运动训练创新的范畴。

竞技体育运动训练创新,是一个丰富的概念体系,其创新表现在竞技体育运动训练的方方面面。创新是一个系统,是主体的实践活动,创新的主体是人,创新的客体是这一系统的基本要素。因此,竞技体育运动训练创新的内涵是十分丰富的,具体包括竞技体育运动训练技术创新、竞技体育运动训练知识创新、竞技体育运动训练制度创新、竞技体育运动训练组织创新和竞技体育运动训练过程创新。

二、影响竞技体育运动训练创新的因素

(一)经济因素

体育发展与经济发展之间存在着非常密切的连续。体育发展受经济因素的影响和制约,竞技体育运动训练需要一定的经济条件做支持,竞技体育运动训练创新同样受经济因素的制约。

在竞技体育运动训练实践中,离不开一定经济条件的支持,竞技体育运动训练的发展对经济的快速发展也有积极的促进作用。

从竞技体育运动训练实践来看,掌握先进竞技体育运动训练设备、技术的国家和地区,往往经济发达。竞技体育运动训练的发展方向与发展效果主要由经济基础决定,如果竞技体育运动训练脱离了经济基础,就难以实现持续的发展。基础设施是影响竞技体育运动训练发展的最根本的资源,要想促进竞技体育运动训练的发展,首先必须具备的一个基础条件是给训练人员提供足够的训练场地。当前,虽然我国的竞技体育运动训练基础设施数量充足,质量也在逐步完善,但大多数训练场地都是比赛场地,专门针对竞技体育运动训练而修建的场地比较少,不利于运动员训练水平的提高。

第二章 竞技体育运动训练的理论与方法

(二)文化因素

从社会系统各要素的发展来看,体育与社会经济、文化、教育、卫生等诸多要素的发展能够有十分密切的关系。这里的文化因素,主要是指社会意识形态以及与之相适应的制度、组织机构和活动等。

现阶段,我国致力于建设体育强国,这就为现代竞技体育运动训练的科学发展与创新创造了良好的社会文化环境。我国发展体育事业,重视促进人民大众素质的提高,旨在通过体育事业和体育产业的发展,从根本上推动经济的发展和社会的进步。

竞技体育运动训练的过程,涉及体育产业发展、体育文化发展、体育教育发展等诸多方面内容。在竞技体育运动训练实践过程中,教练员要指导运动员的训练活动,促进其竞技体育运动训练水平的提高,为我国竞技体育培养既拥有高超竞技能力,又具有良好思想品德和智力的新型人才。我国竞技体育运动训练中的教育必须与中国特色社会主义文化建设的需求相适应。此外,社会文化还会在一定程度上影响竞技体育运动训练的管理内容及方式方法。

(三)技术因素

竞技体育运动训练的技术制约与影响因素主要包括两个大的方面的内容,具体分析如下。

首先,竞技体育运动训练的创新受训练技术因素的制约与影响。具体是指通过现代科学先进的技术、仪器等,对运动员的身体情况、运动能力等进行科学检测,对运动状态、训练过程、训练效果进行监控,并提供具体的生理性、心理性、统计学等具体的数据,使整个竞技体育运动训练更加科学、规范、合理、完善。

其次,竞技体育运动训练的创新受现代信息技术因素的制约与影响。信息技术对竞技体育运动训练的影响集中反映在信息整合对竞技体育运动训练的影响上。竞技体育运动训练是一个由众多环节与内容构成的系统过程,这些环节是构成竞技体育运动训练系统的重要组成部分,缺一不可而且每个环节又包含着一系列具体的工作。运用计算机信息系统来有机整合竞技体育运动训练系统中烦琐复杂的信息,对每一个环节进行科学合理的设置,对于竞技体育运动训练水平的提高具有积极的意义。采用信息化技术,能够使复杂的竞技体育运动训练过程变得简单、清晰与合理,这有利于实现对整个竞技体育运动训练过程的科学把控,并提高训练的组织和安排效率。

(四)主体因素

这里所说的主体,具体是指竞技体育运动训练创新的主体~~人(个体或团队),人的思想和行为因素会对竞技体育运动训练产生制约和影响。具体表现在以下几个方面。

首先,创新主体的思想观念对竞技体育运动训练创新的影响。要实现创新,首先必须具有创新意识,具有开放性思维和能力,这是进行竞技体育运动训练创新的重要基础。

其次,创新主体的知识水平对竞技体育运动训练创新的影响。在影响竞技体育运动训练发展的各项资源中,竞技体育运动训练的相关管理者、指导者、科研人员等,他们直接参与运动员的竞技体育运动训练,并具有发挥着重要的作用。我国竞技体育运动训练的整体发展水平主要由国家运动员的数量和质量来决定。当前,我国开发与培养人力资源的关键是要加强运动员队伍建设,从整体上提高竞技体育运动训练指导和管理队伍人员的知识水平。

最后,创新主体的组织能力对竞技体育运动训练创新的影响。竞技体育运动训练组织创新是竞技体育运动训练创新的一个重要方面。在组织竞争中,虽然优势资源可以创造优势,但是只有对组织资源进行充分的运用,并在运用的基础上完成一系列的协调任务,才能将资源的优势充分发挥出来。能力虽然是一种组织资源,但其与组织资源中的有形或无形资产有很大的区别。在整个竞技体育运动训练的组织管理系统中,管理者的组织能力发挥作用是以有形资产为基本载体的,而组织能力长期作用的沉淀集中反映在无形资产上。组织管理者的科学组织管理会促进竞技体育运动训练各机构及其人员工作效率的提高,进而是对竞技体育运动训练的组织进行科学创新的一个重要表现。

第二章 竞技体育运动训练的理论与方法

三、竞技体育运动训练创新发展的策略

（一）推动主体创新

为了促进我国竞技体育运动训练水平的提高，应积极促进体能教练员的培养，加强对于教练员的培训，明确教练员的分工，促使其各司其职。此外，我国竞技体育运动的发展是具有中国特色的举国体制，在竞技体育运动训练组织过程中，也存在着诸多管理者在其位、不谋其政的不良现象，这就导致了我国竞技体育运动训练活动的开展组织涣散、工作效率低下、竞技体育运动训练效果不明显。因此，必须重视和加强对竞技体育运动训练系统中各个组织管理者的培养、监督和考核，从根本上增强他们的责任意识、创新意识，这是促进我国竞技体育运动训练组织创新、制度创新的重要基础。

（二）强调自主创新

现阶段，在国际体育发展背景下，要实现竞技体育运动训练的创新，必须充分加强与体育强国的交流与合作，吸收国外的先进训练理念、技术，加强竞技体育运动训练相关科研人员在对外交流合作中的创新意识和能力的培养，为自主创新奠定基础。

（三）加强方法创新

在现代竞技体育运动训练背景下，要想进一步提高运动员的训练水平，就必须要创新训练手段与方法，从而激发运动员的运动潜能，提高训练水平。

1. 破旧立新

要改革现有的竞技体育运动训练方法，创新出更加符合运动员特点的训练方法，首先就要摒弃陈旧的思想观念，破旧立新，这样才能获得事半功倍的效果，创新出科学的训练方法。在竞技体育运动训练中，作

为一名教练员,应该时刻更新自己的思想观念,跟上时代发展的步伐,不断充分和丰富自己的竞技体育运动训练理论知识,重新审视竞技体育运动训练工作的重要性,对原有的训练思路、训练手段等做出准确的判断。要判断这些训练手段和方法能否适应现代社会的需求,能否促进运动员训练水平的进一步提高等。在破旧立新的引导下,教练员要摒弃陈旧的训练观念和方法,以全新的思路思考问题,做好竞技体育运动训练方法的创新工作。

2. 逆向思维

受传统教学观念和手段的影响,现有的教练员在指导运动员训练的过程中经常将自己困在一个框架中,思维模式比较固定,没有创新的意识和观念,这样就会导致运动员的训练水平难以得到进一步的提升。针对这种情况,首先就要转变教练员的思维,摒弃传统思维以形成逆向思维,进而树立正确的竞技体育运动训练观念,创新出科学有效的竞技体育运动训练方法。因此,培养教练员的逆向思维至关重要,一定要引起高度重视。

(四)重视制度创新

竞技体育运动训练的创新发展离不开科学的组织和体质的建立,现阶段,必须进一步建立和完善相应的竞技体育运动训练制度,这是我国进行科学化训练和实现创新的重要保证。

在竞技体育运动训练创新发展中,应从竞技体育运动训练制度入手,促进训练制度的创新发展。只有建立科学、完善的竞技体育运动训练制度,才能够保证科学、先进理念的贯彻实施,才能促进训练的各个环节的紧密结合,才能实现整个竞技体育运动训练组织系统在人力、物力、财力资源上的优化配置,最终促进竞技体育运动训练的科学发展与进步。

第三章
常见竞技体育运动项目训练实践

> 　　不同竞技体育运动项目的技术动作都具有很强的专项性和专业性，在各类运动项目训练中，必须以技术训练为核心，结合专项特点进行专门的训练，并把握好各个技术动作环节训练的联系，这有助于充分提高各专项运动的训练水平。本章主要对常见竞技体育运动项目的技术训练展开研究，主要涉及田径运动、球类运动、格斗对抗运动中的一些典型运动项目。

第一节　田径运动训练

一、跑类运动训练

（一）短跑技术动作分析

1. 起跑

短跑的起跑要求采用蹲踞式,其过程包括"各就位""预备"和"鸣枪"三个阶段。注意这三个阶段是连贯的,否则会影响起跑的效果。

首先,当听到"各就位"的口令时,做几次深呼吸,走到起跑器前,俯身两手撑地,两脚依次蹬在起跑器的前后抵趾板上,后腿膝盖跪在地面,两手呈"人"字形撑在起跑线后沿,两臂伸直与肩同宽或稍宽于肩;身体重心处在两手两脚支撑点中央,整个躯干微微弓身,但不能蜷缩。此时运动员应集中注意等待发令员的下一个口令。

听到"预备"口令后,平稳地抬起臀部,高度约稍高于肩,随着抬臀重心适当前移。这时身体重量主要落在支撑的两臂与前腿上,以便于支撑腿的起动用力。此时,前腿的膝关节角度为 90°～100°,后腿的膝关节角度为 110°～130°,两个脚都要压紧抵趾板。这种姿势、角度和全身状态,便于起动时蹬、摆配合,有利于迅速起动和发挥速度,身体各部位的姿势摆好后,注意力高度集中,静等鸣枪。

听到鸣枪后,两手迅速离地,两臂屈肘快而有力地前后摆动,同时两腿迅速蹬离起跑器屈膝快而有力地向前蹬送,在两臂摆动的配合下,身体形成较大的前倾姿势,也称"起跑步"。

2. 加速跑

起跑后加速跑技术要求:前倾角适宜,蹬摆迅速有力,逐渐加大步长、加快步频。加速跑的最初几步速度较慢,两脚沿两条直线着地,随着速度的加快,脚的着地点逐渐靠近,直至在一条直线上(起跑后10～15米处)。

3. 途中跑

途中跑时,身体稍前倾,两臂以肩为轴,以肘用力(屈肘约90°),手掌伸出做快而有力的摆动。前摆时肘关节弯曲60°～70°,后摆时肘关节角度可达130°～140°。大腿带动小腿自然有力地快速摆动,前脚掌扒式着地,两腿蹬摆与两臂摆动协调配合,目视终点。

4. 弯道跑

弯道起跑的技术要求与起跑的技术要求基本相同,都要求蹬腿摆臂有力,起动迅速。起跑时,右手撑在起跑线后,左手撑在起跑线后约5～10厘米处,使身体正对切线方向。这样做可以达到起跑后有一段直线距离加速的起跑效果,有利于起跑后的加速跑。

弯道起跑后加速跑的任务是尽快达到最高速度。其技术要求是前倾角适宜,蹬摆有力。在进行弯道起跑后的加速跑时,要渐增步幅,渐抬重心,渐成直线。在弯道起跑后加速跑阶段,上体要早些抬起,以利跑入弯道时和在继续跑进中,保持身体平衡。

从直道进入弯道跑时,身体应有意识地向内倾斜,加大右腿的蹬地力量和摆动幅度,同时右臂亦相应地加大摆动的力量和幅度,以利迅速从直道跑进弯道。进入弯道跑后,后蹬时,右脚前脚掌内侧用力,左脚前脚掌外侧用力。

大腿前摆时,右膝关节稍向内,同时摆的幅度比左膝大,左腿前摆时,应稍向外。右臂摆动的幅度大于左臂,前摆时稍向左前方,后摆时右肘关节偏外,左臂稍离躯干做前后摆动。弯道跑时的蹬地与摆动方向都应与身体向圆心方向倾斜趋于一致。从弯道跑进直道,应在弯道的最后几米处,身体逐渐减小内倾程度,并顺自然跑2～3步后转入正常的途中跑。

5. 终点冲刺跑

终点跑应力求在疲劳情况下保持途中跑的正确技术,动员全部力量,以最快的速度跑过终点。终点冲跑的最后一步要加大躯干前倾以胸部尽快冲过终点线。由于体力关系,快到终点的这段距离一般都会减速,要想尽力保持途中跑的速度,到达终点还需要做到加快摆臂速度,保持上体前倾,用躯干部位撞终点线。跑过终点后应逐渐减速,不要突停,以免跌倒受伤。

（二）短跑技术训练方法

1.起跑和起跑后的加速跑技术训练

（1）训练要点
①协调放松,便于快速起动。
②舒适合理,便于发力。
③有良好的初始出发角度。
④有良好的第一步技术。
（2）训练方法
①不听信号的各种姿势起跑 20 米 ×（8 ~ 12 次）。
②听信号的各种形式(单个或集体等)起跑 20 米 ×（8 ~ 12 次）。
③起跑后最大速度跑、快慢速度变化跑、快速跑接惯性跑等。

2.途中跑技术训练

（1）训练要点
①快蹬、快摆、快节奏。
②扒地后蹬,折叠高抬要到位。
③整体协调、放松、有弹性。
（2）训练方法
① 60 ~ 80 米加速跑。
②各种距离的快跑练习。
③各种跨跑低栏练习。

3.弯道跑技术训练

（1）训练要点
根据圆周运动特点,体会弯道途中跑的技术要求。

第三章 常见竞技体育运动项目训练实践

（2）训练方法

①沿第一弯道以75%强度做50～80米加速跑。

②以各种速度在弯道上进行30～50米起跑练习。

③以各种速度做由弯道进直道的加速跑80～100米。

（三）中长跑技术动作分析

1. 起跑

以半蹲式起跑为例，起跑时，运动员有力的脚在前站在起跑线后沿，另一脚向后站立，两脚前后距离约一个脚掌。前腿的异侧臂支撑地面，支撑地面的手将拇指与其他四指分开成"八"字形撑在起跑线后沿，另一臂放在体侧。此时，身体的重量主要落在支撑臂与前腿上。半蹲式起跑的特点是：比较稳定，不容易造成由于身体重心不稳而导致犯规；同时，能迅速起动，为起跑的初速度奠定基础。

2. 加速跑

在听到枪响后，运动员两腿应用力蹬地，后腿蹬地后迅速前摆，两臂配合两腿的蹬摆做快而有力的前后摆动，使身体快速向前冲出，过渡到起跑后加速跑阶段。加速跑时，两腿应迅速有力地蹬伸和积极地摆臂，在短时间内达到预定速度。根据中长跑项目的类型、个人能力及战术来确定加速跑的距离。一般情况下，中距离跑的加速跑距离稍长。无论在直道或弯道上起跑，都应按切线方向跑进，在规则允许的范围内，抢占有利的战术位置，然后进入途中跑。

3. 途中跑

（1）上体姿势

上体近乎垂直或稍前倾，胸微挺，腹微收，头部自然与上体成一直线，颈部放松，眼平视。整个躯干姿势自然而不僵硬。

（2）摆臂动作

臂的摆动应和上体及腿部动作协调一致。两臂稍离开躯干，肘关节自然弯曲，约成直角，半握拳，两肩下沉，肩带放松，以肩为轴前后自然摆动，前摆稍向内，后摆稍向外。

（3）腿部动作

后蹬和前摆：后蹬动作要求迅速而积极，依次伸展髋、膝、踝三关节，后蹬角度一般为55°左右。当摆动腿通过身体垂直部位继续向前摆动时，支撑腿的各关节要迅速伸直。在后蹬结束时，后蹬腿完全伸直，上体、臀部与后蹬腿几乎成一直线，摆动腿小腿与蹬地腿成平衡状态。前摆的动作方向与后蹬相反，其动作方向为：踝、膝、髋。当支撑腿后蹬的同时，摆动腿前摆。前摆时，小腿应自然放松，依靠大腿的前摆动作，膝关节领先并带动髋部向前上方摆出。

腾空：后蹬腿蹬离地面后，人体进入腾空阶段。后蹬腿大腿向前上方摆动时，膝关节放松，小腿顺惯性与大腿自然折叠。当摆动腿的大腿摆至与地面垂直时，骨盆向摆动腿一侧下降，摆动腿的膝关节低于支撑腿的膝关节。

落地：当摆动腿前摆结束时，大腿开始向下运动，膝关节随之自然伸直，用前脚掌在离身体中心投影点的前方约一脚到一脚半处着地。前脚掌着地后，膝关节稍稍弯曲，进入垂直支撑时，再过渡到全脚掌着地。着地时，脚尖向前，两脚足迹内缘要在一条线上。

4. 弯道跑

弯道跑时身体适当向左倾斜，跑速越快向左倾斜的程度越大。摆臂时，右臂向前摆的幅度稍大，前摆时稍向内，左臂后摆幅度稍大。摆动腿前摆时，右膝前摆应稍向内扣，左膝前摆稍向外展。脚着地时，右腿用前脚掌内侧着地，左腿用前掌外侧着地。应靠近跑道的内沿跑。

5. 终点跑

加快摆臂，加强腿部的蹬摆，奋力跑到终点。终点跑的距离要根据项目特点、训练水平、战术需要以及比赛具体情况而定。一般情况下，800米可在最后300～200米，1500米在最后400～300米，3000米以上可在最后400米或稍长的距离开始终点冲刺跑。

（四）中长跑技术训练方法

1. 起跑技术训练

（1）运动员以组为单位，在起跑线后做站立式起跑"各就位"口令后的起跑预备姿势若干次，体会站立式起跑时两脚位置和身体各部姿势，准确掌握起跑前的姿势。

（2）运动员以组为单位，在起跑线后的集合线站好，然后在"各就位"和"跑"的口令下，按站立式起跑和起跑后加速跑的方法、要领做站立式起跑30～80米。

2. 起跑后的加速跑训练

（1）学习和掌握起跑后加速跑技术和方法，结合实践练习，如10人左右一组，以口令、哨声进行集体起跑和加速跑练习。

（2）中等速度重复跑200米、300米或400米。跑时动作轻松、自然，跑速均匀，呼吸和步伐配合协调。

3. 途中跑技术训练

（1）法特莱克速度游戏
练习目的：
发展有氧耐力。
练习方法：
在不同地形条件下进行慢跑、快跑、匀速跑、加速跑等各种跑的交替练习。
练习要求：
在过渡训练阶段多采用该练习。

（2）高原训练
练习目的：
提升有氧耐力和无氧耐力。
练习方法：
模仿高原环境进行中长跑训练或在真实的高原条件下进行训练，一般在海拔1600米以上的高原进行系统训练。

练习要求：

高原练习消耗大量能量，注意及时补充能量，消除疲劳。

4.终点跑技术训练

（1）按水平分组，由站立式起跑出发，进行男子1200米和女子600米的中等速度匀速跑，在最后100～200米处开始适当加速，冲刺跑通过终点。

（2）按个人体力分配方案跑。男子1200～1500米，女子600～800米。

二、跳类运动训练

（一）跳高技术动作分析

跳高是一项技术性强、发展快的田径项目。发展至今，跳高技术陆续出现了跨越式、剪式、滚式、俯卧式和背越式技术。其中，以背越式跳高技术效果最好。下面主要以背越式为例来对跳高运动的技术进行细致分析。

1.助跑

背越式跳高主要采用弧线助跑的方法，8～12步完成动作。在助跑的整个过程中，也可分为前段助跑和后段助跑两个部分，其中后段助跑尤为重要，通常跑4～6步。

前段助跑弧度较小，比较平直，这样有利于发挥速度，后段助跑的弧度较大，有利于起跳。在整个助跑的过程中要逐步加快速度，并有一定的节奏。

通常情况下，采用简便的"走步丈量"法确定助跑的步点及路线。画好助跑线后，要经过反复练习才能最后确定。练习时，前面直线助跑要跑4步，后面弧线助跑也要跑4步。

每种跳高的方法都有自身的特点，背越式跳高的前段助跑主要是普通的加速跑。即将进入弧线助跑时，身体重心应向内倾斜，注意重心起伏要小。大腿高抬，以膝领先并带动摆动腿同侧髋积极向前迈步。

后段助跑的效果直接影响起跳质量，既要注意速度，也要注意节奏的掌握，整个助跑过程要用前脚掌着地并富有弹性，这样有利于起跳。

2. 助跑与起跳结合

背越式跳高应将助跑与起跳紧密衔接起来，主要包括以下两个关键的技术要点。

（1）依靠摆动腿的牢固支撑，使身体在倾斜状态下起跳得到良好的保障，要有力避免身体与横竿的过早碰触。

（2）要积极蹬伸摆动腿，快速并大幅度向前移动身体重心，避免臀部下坐和摆动腿支撑无力的现象出现。

3. 起跳

起跳脚顺弧线的切线方向踏上起跳点，以脚跟领先着地并顺势转换到全脚掌。同时两臂与摆动腿积极上提，重心迅速跟上，上体积极前移，使起跳腿缓冲。此时，身体与地面保持垂直。当身体重心移至起跳点上方时，起跳腿迅速而有力地蹬伸，完成起跳动作，在做起跳动作时应注意起跳腿充分蹬伸、提肩、提髋。

4. 过竿与落坑

由于起跳时摆动腿屈膝向异侧肩前上方的积极摆动，使身体处于背向横竿的腾越姿势。当肩向上腾越，超过横竿时，两肩迅速后倒，充分展髋、小腿放松，膝部自然弯曲，整个身体呈反弓形。待髋部超越横竿后，收腹含胸，以髋发力带动大腿向上，并且小腿甩动使整个身体超离横竿，自然下落以肩背领先落垫。

（二）跳高技术训练方法

1. 助跑训练

弧线助跑训练：主要采用弯道跑练习，由直道进入弯道跑练习以及各种半径的圆圈和弧线跑等。

快速助跑节奏训练：可采用中程助跑跳远、助跑摸高等方法来训练助跑节奏。

2.助跑和起跳结合训练

(1)助跑与起跳节奏的一致性训练

采用助跑触高、助跑起跳过栏架、助跑跳上高架以及中、全程助跑跳皮筋等练习方法来训练助跑与起跳节奏的一致性。

(2)起跳时蹬摆配合的协调性训练

利用各种起跳练习提高蹬摆配合的协调性,训练中要将摆腿和摆臂的作用充分发挥出来,有时要专门做大量的摆臂、摆腿等专门练习。

(3)控制腾起方向的训练

助跑手、头触高,助跑起跳抓高杠,助跑跳上高架等都可以作为控制腾起方向的训练方法。

3.起跳训练

(1)准备姿势训练

身体侧对并以右臂拉住肋木,保持内倾、后倒姿势;双脚踩住小弧线,左脚脚跟着地,重心放在右脚上;左脚脚尖斜对肋木即指向小弧线的切线方向。右脚前脚掌大脚趾侧着地,右膝半屈并稳定控制重心。左臂微屈于体后。目视切线前上方,保持身体内倾姿势。

(2)蹬摆动作训练

重心前移,起跳脚沿外侧逐渐过渡到前脚掌着地,身体应有一定的内倾姿势,摆动腿屈膝沿弧线加速上摆,起跳腿用力爆发并充分蹬伸,使起跳腿的踝、膝、左髋、上体与左肩几乎形成一条垂直地面的垂线。积极摆臂,整个身体垂直上升完成起跳。

4.起跳过竿训练

(1)过竿训练

背对海绵包,起跳越过横竿以对空中挺髋、展体、过竿等肌肉感觉进行体会。可在中程助跑后跳上万能架,反复练习。

(2)助跑过竿训练

以全程助跑过竿练习为主,结合短程与全程过竿练习两种方法进行训练,同时采用助跑摸高、助跑跳上高架等方法进行适当的练习,不断完善跳高技术。

（三）跳远技术动作分析

跳远由助跑、起跳、腾空和落地几个技术环节组成。它们是不可分割的统一的整体。

1. 助跑

（1）起动姿势

助跑的起动姿势对助跑的准确性和稳定性有直接的影响。其中包括以下两种主要的助跑姿势。

第一种是在静止状态下助跑，通常要求要稍微弯曲两腿、两脚保持平行，做"半蹲式"动作，也可以两腿前后分开站立，做"站立式"动作。

第二种是走跳相结合，找到第一个标志。

第一种方法，对提高助跑的准确性有很好的帮助。第二种方法，虽然动作相对放松，但是准确找到标志的难度较高，要求运动员能够更加准确地踏板。

（2）加速方式

助跑的加速方式有以下两种。

①积极加速。在助跑的开始就积极加速，并始终保持较高的步频，这种加速方式的主要目的就是快速脱离静止状态，尽可能获得最高的助跑速度。

②逐渐加速。逐渐加速方式主要是通过加大步长和保持步长逐步过多到加快步频。这种加速方式的主要目的就是在动作轻松、自然和平稳的基础上，提高跳的准确性和成绩的稳定性。

（3）助跑节奏

运动员要将最高速度发挥出来，并对速度进行合理利用，从而高效进入起跳的方式与方法就是所谓的助跑节奏。跳远项目中运动员的起跳力量是随着助跑速度的增加而增加的。苏联波波夫的试验测试表明，如果每秒助跑速度增加0.2米，运动员的起跳力量就要增加2%。如果起跳力量的增加与助跑速度的要求不能适应，就会对起跳效果造成消极的影响，这样就难以实现一定的腾起角度，跳远成绩就很难提高。助跑速度的利用率是指运动员在助跑过程中对自身最高速度的使用水平。它可用助跑速度与平跑中的最高速度比值来表示。跳远水平越高的运动员,其助跑速度的利用率也越高。

(4)最后几步助跑

跳远运动的整个助跑过程中,最重要的环节就是最后几步。在这一阶段,不但要求运动员保持一定的速度,而且还要求运动员准备好起跳。这一个技术环节与其他环节相比较为复杂,而且也有一定的难度,因此不同运动员的不同运动特点主要集中在这一环节上。

最后 6~8 步的助跑技术,主要表现为以下两种技术特征。

第一,最后几步中每步的长度要缩短,频率要加快,形成快节奏的助跑起跳技术。

第二,保持步长的相对稳定,每步之间的频率要加快,形成快速上板的助跑技术特征。

2. 起跳技术

起跳是所有跳跃项目中最重要的一个部分。助跑与起跳的结合,起跳腿的蹬伸与摆动腿的摆动,两腿之间的蹬摆配合,又是跳远起跳技术的关键所在。

(1)起跳脚上板起跳

助跑最后一步,摆动腿的脚着地后,起跳脚就准备上板,这时由于速度很快,下肢的运动速度略比躯干快些,因此要保持上体正直或稍有后仰。两臂摆动于体侧,起跳脚全脚掌着地,摆动腿屈腿前摆。

踏板一刹那,起跳腿是前伸的,与地面形成一个约65°~70°的夹角,起跳脚与身体中心投影点之间也有距离,大约30~40厘米,身体重心在支撑点的后面。这种势态形成了一定的"制动",便于使身体向腾空状态转换,也便于使水平速度向垂直速度转换。要注意起跳脚前伸过大,身体重心距起跳脚支撑点过远,会影响起跳效果。

(2)起跳腿的支撑缓冲

在踏到踏板后,身体会随着惯性的力量和重力作用,迫使起跳腿的髋、膝、踝关节被动弯曲。起跳脚用全脚掌支撑既可保持身体的平衡和稳定,又可以抗御这种压力。此时,整个身体前倾,摆动腿也受向前运动的惯性影响,大小腿折叠后向起跳腿靠拢,这种姿势为最后起跳、蹬摆做好了准备。

(3)起跳的蹬摆配合

起跳腿在踏上起跳板的瞬间,身体始终是随惯性向前运动的。当身体重心移到起跳脚支撑点上方时,起跳腿应及时蹬伸,充分伸展髋、膝、踝三关节,与此同时摆动腿以膝领先,屈腿向前上方摆动,摆到大腿呈水平部位,两臂配合两腿在体侧摆动,躯干伸展,头向前上方顶出,完成起跳的蹬、摆配合动作,这时起跳腿与地面呈70°~80°夹角。应该强调,在完成蹬摆配合的起跳动作时,四肢的协调配合,对身体获得适宜的腾起高度,维持身体平衡以及加快起跳速度起着决定作用。

起跳腿充分蹬伸后,还有一个全身的制动动作,这一动作主要是由于摆动腿摆到大腿水平部位和两臂摆动时的突然停顿完成的。这一制动,对促进身体向上腾起、维持全身平衡、防止身体产生翻转具有重要的作用。

3.跳远腾空技术

(1)挺身式

挺身式腾空技术在腾空时,身体比较舒展。起跳腾空后,仍要保持腾空姿势,此时注意摆动腿和大腿不要抬太高,摆动腿小腿随之向前、向下、向后呈弧形划动,两臂也随之向下、向后再向前大幅度地划动;与此同时,起跳退为屈膝与正在摆动腿靠拢,展髋、挺胸、挺腰,整个身体展开成充分的挺身姿势。当身体即将落地时,两臂向后摆动,躯干前倾,两腿迅速收腹举腿,前伸小腿,准备落地。这种挺身式的空中技术能使身体充分伸展,因此,要经常训练身体的协调和维持平衡的能力。

(2)走步式

腾空后,在空中完成走步式的技术动作,就是走步式跳远。这种技术是三种技术中最难的一种,当起跳动作完成后,身体呈现"腾空步",前方的摆动腿要以髋为轴,大腿带动小腿积极向下、向后方摆动,同时处在身体后方的起跳腿则以髋关节为轴,大腿向上摆动,同时屈膝带动小腿前伸,以完成两腿在空中的互换动作。两臂要配合两腿协调摆动,以维持身体平衡。空中完成交换步后,摆动腿仍需要从体后屈膝前摆,靠拢体前的起跳腿,并在空中走半步。在空中的这一过程需要两腿走两步半。

4.落地技术

正确的落地技术不仅有利于运动成绩的提高,而且可以防止受伤。在完成腾空动作后,大腿要尽可能地靠近胸部,小腿自然向前伸,同时两臂后摆。当脚跟接触沙面后,应迅速屈膝缓冲,同时两臂由体后向前摆出,并借助于惯性向前方或侧方倒下,防止坐入沙坑。

(四)跳远技术训练方法

1. 助跑与起跳结合技术训练

(1)原地起跳技术练习。原地站立,快速伸出摆动腿;然后起跳腿用力向前上方向迈出,并做出积极的起跳动作;同时,摆动腿用髋部发力带动腿部做积极的前摆动作。该练习有以下几个需要注意的重点。

①起跳脚蹬地时,起跳腿需要蹬直并用力发力。

②起跳腿落地时积极下压,先用脚后跟着地,然后整个脚掌置于地面,最后再慢慢过渡到以脚尖为着力点。

③起跳腿做蹬伸动作的时候,髋部用力前顶带动身体重心向前移动,同时双臂也要积极配合腿部的动作,为身体助力。

(2)在30米走动中做起跳技术练习,可以采用一步一起跳或者三步一起跳的练习形式。

该练习需要注意以下几点:

①注意上下肢动作和蹬摆动作的配合,保持动作的协调性。

②随着动作熟练程度的提高,可以加快行进的速度,如采用边慢跑边练习的方式。

(3)借助俯角跳板或者斜坡跑道等,进行短、中距离的助跑起跳练习。该练习需要注意以下几点:

①刚开始采用比较慢的助跑速度,后面技术提升之后慢慢加快速度。

②起跳时,上半身停止,腰部挺拔,头部前顶,起跳腿充分蹬直发力。

③上肢动作和下肢动作协调配合。

2. 挺身式跳远空中动作和落地技术训练

(1)原地挺身式跳远练习

练习方法:

①起跳腿在原地作为支撑腿,摆动腿屈膝上抬起,然后立即向后下

方摆动,同时向前送髋带动身体重心前移。

②两臂随着摆动腿的动作,从身体的侧后方积极向前上方向摆动。

③两腿同时屈膝,然后向下、收腿、伸直、落地。

④双臂配合双腿的动作,同时向身体的后下方摆动。

练习要求:

①摆动腿向后下方向摆动的同时,应该积极向前上方向送髋,同时尽力伸展身体帮助身体前移。

②注意上下肢动作之间的协调性。

(2)短距离助跑挺身式跳远练习

练习方法:

在短距离助跑的基础上进行练习,方法参考挺身式跳远练习。

练习要求:

①动作要自然放松,既不能过于松弛,也不能过于紧绷。

②摆动腿做前摆动作时,前摆的程度要超过身体位置。

(3)中、长距离助跑挺身式跳远练习

练习方法:

在中、长距离助跑的基础上练习,方法参考挺身式跳远练习。

练习要求:

①身体腾空之后尽力做向前送髋动作,努力使身体前挺。

②尽量延长挺身的时间,为身体前移提供更大的助力。

3. 走步式跳远空中动作和落地技术训练

(1)借助单杠或者双杠等器械,将身体架起,双腿悬在空中做交换腿技术练习。练习中注意感受并掌握动作顺序以及肌肉的用力方式。

(2)行进间换步练习。在行进的同时,支撑腿用力伸直做蹬地动作,髋部在蹬地力量的推动下积极前顶,带动大腿向前迈步,两臂配合双腿做大幅度的环绕动作。练习时要求积极进行送髋动作,由髋部带动大腿完成换步技术。注意换步动作的连贯性和流畅性。

(3)短、中距离走步式跳远练习。重点进行空中换步技术的练习,注意肌肉的用力方式、动作的顺序以及动作之间的连贯性。完成换步技术之后,摆动腿收回靠向起跳腿,两腿以并拢姿势向前落地。

(4)中、长距离走步式跳远练习。注意上肢动作和下肢动作协调配合。进行换步时,先是髋关节前顶发力,带动大腿前进,再由大腿发力带动小腿进行换步,注意发力的顺序。

三、投掷类运动训练

(一)推铅球技术动作分析

推铅球运动是以力量为基础、速度为核心的快速力量性项目,目前主要分为两种运动方式,即背向滑步推铅球和背向旋转推铅球。这里主要以背向滑步推铅球、右手持球为例,对推铅球的动作技术分析如下。

1. 握球与持球

握球时,五指自然分开弯曲,手腕背屈;将铅球放在食指、中指和无名指的指根处,拇指和小指自然地扶在球的两侧。用手轻托球,将球放在握球手同侧的锁骨窝处,贴近颈部,手腕外转,掌心向外,放松手臂肌肉。从侧面看,右肘与身体处在同一平面,不宜过前或过后。

2. 预备姿势

右脚背对投掷方向,右腿直立。左脚在右脚后方20～30厘米处,脚尖点地,微屈膝,身体站立端正,颈部正直,左臂向前上方自然伸出。

3. 团身动作

团身动作是滑步的准备动作。在预备姿势的基础上,上体前俯,左臂下垂,同时左腿向后上方摆起,顺势屈右膝、收左腿、身体重心平稳下降,置于右脚前脚掌上,目视前下方。

4. 滑步动作

滑步开始时,身体重心水平向投掷方向移动,左腿大腿带动小腿向抵趾板方向踹出,左脚沿地面滑动,经过投掷圈直径约3/4距离时外翻,最后落在抵趾板中间略偏左处。右腿配合左腿蹬伸,右脚动作似滚动,髋部伸展,然后右小腿迅速内收,右脚稍内扣。左臂轻快地向投掷反方向摆动,右手臂动作不变。

5. 最后发力

滑步结束后右脚脚跟不落地,右脚内侧用力形成侧蹬动作,右腿侧蹬伴有转动,推动身体向前。左脚落地后,左腿保持蓄力状态,随着重心前移,微屈左膝再伸直,形成支撑后的蹬伸用力动作。上体由向后伸展的背面转成侧面,身体呈侧弓形。

铅球出手时的身体姿势是:左腿蹬直;右腿蹬伸;抬头挺胸,右臂伸直;左臂在身体左侧,左手低于左肩。铅球出手角度约37°,出手点约在左脚脚尖上方或前上方。

6. 结束动作

铅球出手后,继续向投掷方向跟进,维持身体平衡,及时交换双腿改变运动方向,重心降低,左腿积极后退,维持身体平衡。

(二)推铅球技术训练方法

1. 原地拉胶带

练习目的:
(1)促进身体专项力量的发展,掌握运动链各环节的正确用力顺序。
(2)体会推铅球时身体各部位肌肉的用力感觉。

练习方法:
(1)在地面上固定好长胶带(2～3米)的一端,面对胶带而立,一脚在前,一脚在后,右手将长胶带的另一端抓住。
(2)前腿屈膝,重心降低置于前腿上。
(3)右腿发力带动右臂和上体转向投掷方向,右臂在转动时对胶带进行大力拉引,拉引到最大限度时逐渐恢复准备姿势。反复练习。

练习要求:
重心置于右腿,充分伸展投掷臂。

2. 蹬转摆片

练习目的:
促进右腿力量、速度和躯干力量的提升,促进学生对身体各部位正确用力方法及顺序的掌握,使动作连贯、有力。

练习方法:

(1)双手将杠铃握住,做最后用力前的预备姿势,伸直手臂,右髋随着右脚的蹬转而在右腿的带动下转动并充分伸展。

(2)将杠铃向上举过头顶,身体"反弓",右腿支撑重心。反复练习。

练习要求:尽可能将躯干伸展。

3.原地推铅球练习

握持球技术练习:

(1)双手持球,进行两手之间的传球、接球练习。

(2)利用下蹲、站起以及体前屈等姿势进行握持球技术练习。

原地正面推铅球技术练习:

(1)身体正对投掷方向,两脚一前一后分开站立,左右之间的距离稍微大于肩宽,左脚在前,脚尖稍微向内,右脚在后,脚尖正对投掷方向。

(2)右手持球,将球举高至锁骨处。

(3)上半身右转,左臂和左肩稍微向内缩。

(4)双目直视投掷方向,由大腿、躯干、胳膊联合发力,用力将铅球快速投掷出去。

原地侧向推铅球技术练习:

(1)用身体左侧正对投掷方向,两脚左右分开站立,中间大约为一个半肩膀的宽度,右脚和投掷方向之间成直角,左脚和投掷方向成半个直角,左右脚站在同一条直线上。

(2)左腿保持站直状态,着力点为做左脚掌前半部分的内侧,右腿弯曲,身体向右侧倾斜,身体的重心落在右腿上。

(3)右腿用力蹬地的同时向左侧转,联合躯干和手臂的力量将铅球快速投掷出去。

原地背面推铅球技术练习:

(1)身体背对投掷方向,两脚左右分开,脚尖朝外,两脚形成一个外"八"字站立。

(2)上半身用力转向右后方,达到腰部被扭紧的程度为止,然后上半身朝着右后方前屈到大约和地面平行的程度,背对投掷方向。

(3)右脚用力蹬地,同时上半身快速抬起并向左侧扭转,联合躯干和手臂的力量快速将铅球投掷出去。

原地推铅球技术训练注意事项：

（1）强调投推铅球的过程中身体的用力顺序，分别是"蹬、转、送、抬、挺、撑、推、拨"。

（2）原地铅球技术是整个推铅球运动中最基础、最重要的技术，应该在每次训练中都留出一定的时间进行巩固练习，以利于运动员打下坚实的基础。

（三）掷铁饼技术动作分析

1. 握铁饼

五指分开，拇指和手掌紧贴铁饼，其余四指最末节扣住铁饼边沿。手腕稍屈。

2. 预备姿势和预摆

（1）预备姿势

背对投掷方向，两脚分开站在投掷圈后沿，投掷臂放松下垂。

（2）预摆

以左向上右向后的预摆为例，持饼臂起动在体侧前后摆动，铁饼摆到体后时，右腿蹬地，再向左上方摆动，稍屈臂，使铁饼位于前额左方，上体也随之左转。随后放松向右后方摆动，重心移至右腿，上体向右后方转动，右腿稍屈，左臂屈于胸前。向后摆到最高点时即是制动点。

3. 旋转

以左脚支撑为旋转的轴心，借助右腿的蹬地力量向投掷方向转动左膝和左肩，重心稍下降并向左腿移动，左腿边屈膝、边旋转，带动身体左转，形成以左半身为轴的旋转姿态。这时右腿大腿带动小腿，右腿弯曲成弧线绕过支撑的左腿进行旋转，整个身体形成了以左侧身体为轴的大扇面旋转。当身体重心通过左腿时，左脚蹬地，身体向投掷圈的圆心移动。在这个旋转过程中，投掷臂和右肩放松。旋转结束时，右腿以前脚掌着地，落在圆心附近，形成单腿支撑。这时仍以右脚为轴继续旋转，左脚脚内侧着地支撑。

4.最后发力

右脚边转动边向投掷方向蹬伸,同时带动投掷臂进行大弧度运动。左腿支撑重心,使右侧绕着左侧轴转动,全身各部位用力集中在铁饼上,加大出手速度、力量及工作距离,当身体重心位置较高且铁饼与右肩同高时,右手食指末节拨饼,顺时针转动约35°角掷出铁饼。

5.结束动作

铁饼离手瞬间,右手小指到食指依次拨饼,使铁饼沿顺时针方向在空中转动飞行。出手后及时地交换两腿,重心降低,顺势再向左转体,维持身体平衡。

(四)掷铁饼技术训练方法

1.原地连续挥片

(1)练习目的
促进多关节专门力量的提升和协调能力的改善。
(2)练习方法
①身体充分扭紧开始发力,主要转动右腿、右髋。
②充分伸展投掷臂前后用力摆动,幅度尽可能大。
(3)练习要求
动作自然放松,身体平稳。

2.肩负杠铃杆原地旋转一周

(1)练习目的
促进左腿力量的增强和身体平衡能力的提升。
(2)练习方法
将杠铃举至身后置于肩处,按照掷铁饼中预摆和旋转的动作要求完成预摆,进入旋转后重心置于左腿支撑轴上完成旋转。
(3)练习要求
身体扭紧,尽量压低重心。

第二节　球类运动训练

一、篮球运动训练

（一）篮球技术动作分析

篮球技术分为进攻技术与防守技术两种类型，下面主要就进攻技术进行分析。

1. 运球技术

以低运球为例。运球时，双腿弯曲，下移身体重心，身体向前倾斜，以上体和腿来对球进行保护，同时，手腕和手指按拍球，球的高度大约与膝部齐平。在低运球的过程中，运动员双眼紧盯前方，注意将球保护好。

2. 传球技术

以右手肩上传球为例。双手持球于胸前，两脚左右开立，传球时左脚向传球方向迈出一小步，右手将球托住同时将球移到右肩上方的位置，上臂几乎平行于地面。左肩对准传球方向，身体重心主要落在右脚上，右脚蹬地同时转动上体，右前臂迅速向前挥摆，手腕弯曲，以食指与中指拨球。拨出球后，右脚顺势向前迈一小步，保持身体稳定。

3. 接球技术

以双手接球为例。眼睛紧盯来球，十指自然分开，两手呈半圆形，双手的拇指保持八字形。来球靠近时，双臂主动伸出准备迎球，这时肩、臂、腕和指处于放松状态。接球时，指端先触球，两臂顺势向后移动，以保持身体的稳定。

4.持球突破技术

以原地持球交叉步突破且右脚做中枢脚为例。两脚左右分开,双膝盖稍曲,稍向下蹲,持球于胸腹间。左脚前脚掌内侧蹬地,上体向右稍转,左肩向前下沉,身体重心落在右脚上,左脚向右侧前方蹬地,向身体右引球,右脚蹬地并向前一步跨出,迅速超越防守队员。

5.投篮技术

以跳起右手投篮为例。双手持球,双手置于与胸腹齐平的高度上,两脚左右分开,身体下蹲,双膝稍屈,身体重心落在双脚上,上体处于放松状态,眼睛始终盯紧篮圈。起跳时,两膝弯曲幅度可稍微加大,然后起身手臂迅速上摆将球举起,双脚同时起跳,到最高点时,屈腕、压指,从指端将球投出。然后自然落地,屈膝,身体保持稳定后,再还原正常姿势。

6.抢篮板球技术

以抢进攻篮板球为例。处于篮下或内线队员抢进攻篮板球,当同伴或自己投篮时,靠近篮下的队员要及时判断球反弹的方向,并借助假动作绕胯挤到对方的身前,利用跨步或助跑起跳,跳到最高点进行补篮或直接获取篮板球。

对于处在外线位置的队员抢篮板球,当同伴投篮时,如进攻队员面向球篮,则首先要观察并判断球的反弹方向、速度和落点,然而突然起动冲向球反弹方向进行补篮或抢获篮板球。以从防守人身后左侧冲抢为例,进攻队员面向球篮时,右脚向右侧跨步,向右侧做假动作,随后以左脚为支撑脚,右脚向左跨出一小步,重心移至左脚,同时右脚立即向前跨步绕前,挤靠防守人,从而跳起抢篮板球或进行补篮。因此,准确判断进攻时间,绕步冲阻,并及时起跳,以补篮或组织第二次进攻,这是进攻队员需要注意的方面。

(二)篮球技术训练方法

1.运球技术训练

训练建议:

(1)在运球训练中,先练习原地运球的方法,然后进行关于行进间

第三章 常见竞技体育运动项目训练实践

运球、变向运球、运球转身的动作练习。

（2）在运球练习中关键要体会手对球的控制能力，要多进行球感练习，能够很好地控制球。

（3）运球技术练习中强调身体姿态准确、按拍球的部位准确、球的落点适宜、手脚协调配合、手能灵活支配与控制球。

（4）将基本运球技术掌握之后，在运球练习中融入假动作，并将运球技术与其他基本技术结合起来练习，训练运球时的应变能力。

（5）练习时将左手运球练习和右手运球练习结合起来，提高非优势手的控球能力。

（6）制造干扰环境，在干扰条件中运球，如安排对手堵截、抢断，从而提高抗干扰能力。

训练方法：

（1）原地做高运球、低运球训练。

（2）左、右手交替在体前做横向运球训练。

（3）在行进间连续做各种运球变向训练。

（4）全场一对一攻防训练。

（5）对抗运球训练。

2. 传接球技术训练

训练建议：

（1）在传接球技术训练中，要重点练习的技能有双手胸前传接球、单手肩上传球、双手头上传球等。

（2）将熟悉球性练习与传接球练习结合起来，培养对球的感应、支配及控制能力。

（3）在传接球练习的组织中，先安排原地练习，将传接球动作方法准确掌握后，再结合移动步法进行移动中传接球练习，然后将传接球与其他技术结合起来进行综合性练习。

（4）在接近实战的环境中进行传接球练习，培养实践应用能力和应变能力。

训练方法：

（1）原地双手持球基本姿势的练习。

（2）原地徒手双手持球动作的模仿练习。

（3）两人一组一球，距离4米逐渐扩大到8米，然后再从8米逐渐缩小到4米,用双手胸前传、接球。

(4)两人一组一球,两人四只手共持一球,一人做传球动作,一人做接球动作,两人的手都不离开球,像拉锯一样一传一接连续做。

(5)全场三人传接球练习,每传一次球都要通过中间人。在3人传球推进的过程中,要保持好三角队形,中间人保持在稍后,两边在前。

3.持球突破技术训练

训练建议:

在持球突破技术训练中,要先理解整个技术过程中各个动作环节的内在联系,清楚竞赛规则中对持球移动的要求和限制条件。持球突破包括交叉步突破和同侧步突破,先练前者,再练后者,将持球突破技术掌握好之后,再将其与其他技术结合起来练习,从而提高在篮球实战中综合运用传球、投篮和突破等技术的能力。

在具体训练过程中,将分解练习与完整练习结合起来。掌握持球突破的各个动作环节后,基本能够连贯完成完整的持球突破技术,虽然细节上可能有瑕疵,但基本不影响动力定型的初步形成。此时就可以对动作细节提出要求和加以强调,从而主动分析与思考持球突破动作。反复练习,不断巩固动力定型,使突破动作更加精确、协调,并能很好地达到细节方面的要求,促进动作自动化的初步形成。

在技术动作形成的自动化阶段,要主动思考与探讨持球突破技术动作的力学原理,更加深入地认识突破动作的内在联系,进一步巩固动力定型,提升持球突破动作的自动化水平。

训练方法:

(1)一对一持球突破结合跳投或行进间投篮训练。进攻者进攻失球后,两人攻守交换。

(2)原地持球突破训练。队员分布在半场内,以篮圈为目标,模仿突破的脚步动作。

(3)突破防守行进间投篮训练。为固定防守人,其他队员依次做突破投篮,抢篮板球至队尾。

(4)持球突破行进间投篮训练。持球队员在罚球线处站位,突破后运球做行进间高手或低手投篮,然后自己抢篮板球排至队尾,依次训练。

4. 投篮技术训练

训练建议：

（1）建立正确的动作表象。在投篮技术训练中，利用直观教具如图片、录像和示范动作进行投篮技术动作的正确演示，并配合必要的讲解，使练习者深刻认识投篮技术的重要意义，并清楚地了解投篮的动作结构，对各种投篮的动作特点、运用技巧做到心中有数。然后练习者自主进行徒手投篮练习和持球投篮练习，建立正确的动作表象，形成正确的投篮运动感觉。

（2）掌握动作，形成正确的动力定势。在投篮初步训练中，可以在简化条件下重复不断地练习，促进正确技术动力定型的快速形成。例如，在原地单手肩上投篮训练中，起初要把投篮的主要环节把握好，集中练习拨球动作，要求前臂伸展、手腕弯曲、手指用力，经过重复不断的练习，对基本的投篮手法要有准确的掌握，然后再提出不同动作环节的要求，完整练习整个投篮动作。经过重复练习，基本掌握完整动作后，再进行变换练习，主要对练习的组织形式和条件进行调整，在变化的条件下练习，从而对投篮技术加以巩固和完善。

（3）循序渐进地练习。投篮技术有多种，在投篮训练中，要先练习基本的投篮技术，然后练习比较复杂的技术，最后练习组合技术。按照循序渐进的原则进行训练，正确练习顺序为原地单手肩上投篮→行进间单手低手投篮→原地跳起单手肩上投篮→投篮与其他技术的组合。

训练方法：

（1）原地模仿跳投训练。
（2）两人一组一球，相距4～5米对投训练。
（3）自抛自接球后做急停跳投训练。
（4）运球做行进间单手高手、单手低手投篮训练。
（5）在传、接球中做急停跳投训练。
（6）运球、传球、投篮组合训练。

5. 抢篮板球训练

训练建议：

（1）说明在篮球比赛中抢篮板球技术的重要性，对练习者的积极拼抢意识和主动精神进行培养。

（2）在抢篮板球技术训练初级阶段,先进行分解练习,将原地起跳、抢球作为分解练习的重点,然后向完整练习过渡,将移动抢位、挡人、起跳抢篮板球连贯起来进行练习。具备一定的基础后,练习难度逐渐增加,创造对抗性环境,在对抗中练习,主要培养在实战中运用抢篮板球技术的能力。

（3）在训练中强化"冲抢"意识和"挡抢"意识,从而使练习者主动抢进攻篮板球、抢防守篮板球,在攻守对抗条件下进行抢篮板球练习。

（4）将抢篮板球技术与其他技术结合起来练习,如抢进攻篮板球与投篮、补篮的结合,抢防守篮板球与突破技术、接应技术的结合。

（5）将抢篮板球技术训练与专项体能训练结合起来。

（6）将抢篮板球技术与篮球战术结合起来进行练习。

训练方法：

（1）持球向篮板或墙上抛球,做上步起跳的动作,在空中用单手或双手抢反弹回来的球。

（2）以两列横队站立,听口令进行原地徒手双脚起跳,进行单手与双手抢篮板球的模拟练习。

（3）2人一组,站在篮下两侧,轮流跳起在空中用双手将球托过篮圈,碰板传给同伴,需跳到最高点时托球,连续托球 15~30 次。

（4）站成两列横队,每人一球,向头上抛球后起跳,用双手或单手做空中抢球训练。

6. 不同位置攻守技术训练

（1）进攻技术训练

①前锋进攻技术训练

篮球比赛中前锋位置指的是罚球线延长线两侧区域。前锋球员有比较广阔的活动范围,在自己的队伍中担任重要的攻守角色,与队友配合完成重要的攻守任务。前锋队员的进攻区域可以是外围,也可以是篮下。这一位置的球员也是球队得分的主要人物,有时配合队友得分,他们还是积极拼抢篮板球的重要角色。前锋队员在比赛中角色的重要性和攻守的特点决定了其必须有高大的身材,良好的力量、速度及弹跳力等身体素质,而且要全面掌握篮球技术,并形成自己的特长,只有符合条件的前锋队员才能在比赛中更好地发挥自己的价值,完成重要的攻守任务。

活动范围广是篮球比赛中前锋位置的一个重要特征,这个特征对前锋队员的技术能力提出了非常高的要求,尤其是投篮技术能力,包括中、远距离投篮、篮下投篮,同时要求前锋队员善于运球突破,并能主动向同伴传球,善于掩护同伴,与同伴配合,制造良好的进攻时机。

在前锋进攻技术训练中,要注意以下几点。

第一,结合移动步法,加强原地摆脱、空切接球等技术训练,使前锋球员能够顺利将防守摆脱。

第二,前锋队员要善于运用传球、运球转身、灵活移动步法等与对手造成"时间差"或"位置差",从而顺利将防守摆脱,抓住机会快速投篮。

②中锋进攻技术训练

在篮球比赛中,中锋球员有其特定的位置和活动范围,这也是中锋名称的由来。中锋的活动区域主要是离篮5米以内的范围,这一地带往往存在着激烈的攻防对抗,因此中锋球员责任重大,要将内线攻守的任务很好地完成,在进攻中要积极拼抢,争取得分,同时也要配合队友完成集体攻守任务,并创造机会使同伴进攻得分。一个篮球运动队的实力强弱一定程度上反映在中锋球员的技术水平上。

中锋进攻技术训练要侧重于以下内容。

传球:整个篮球运动队进攻配合的枢纽就在于中锋,所以中锋队员要能够通过传球将内线和外线队员连接起来,提升集体配合进攻的战斗力。中锋接球后,周围会有防守队员和本队接应队员集中于此,这时中锋要快速观察周围情况,选择合适的传球方式向接应的队友传球。这便对中锋的传球能力提出了较高的要求:要熟练掌握与运用各种传球技术,要善于使用假动作,隐蔽真实传球意图。中锋队员必须根据同伴的接应位置和时间而快速移动,给同伴及时准确地传球。

中锋将后场篮板球成功抢到后,快攻第一传必须要迅速完成。所以当其在空中夺球后要及时朝前场转身,迅速观察场上情况,准确判断,及时向接应队员传球。

移动抢位与接球:对于中锋队员来说,移动抢位、接球是最为重要的技术。中锋能否熟练移动抢位,直接决定了本队能否在攻守对抗中获得主动。中锋的移动步法必须积极快速,且灵活多变,在与对手发生身体接触时,一定要合力对抗,将对手摆脱,在合适的位置上顺利接球。此外,中锋与同伴要密切配合,成功传球,并将下列两个启动时机掌握好。

第一,当同侧同伴接到球时,迅速启动,对有利位置积极抢占。

第二,当异侧同伴突破时,突然向空位移动。

投篮:中锋位置的特殊性对中锋队员的投篮意识和强攻能力提出了非常高的要求。内、外中锋站位不同,所以要侧重掌握不同的投篮方式。

对内中锋来说,跳投、转身跳投、勾手投篮和补篮是要重点掌握的投篮技术。对外中锋来说,跳投、勾手投篮是要重点掌握的投篮技术。要想成功投篮,必须将投篮时机掌握好。中锋队员要充分掌握好以下投篮时机。

第一,中锋接应队员时对攻防位置进行准确判断,加快动作速度,制造"时间差",争取良好的投篮机会。

第二,持球的中锋队员结合其他技术动作如跨步、运球、传球等制造时间差与空间差,为本队争取投篮机会。传球时可结合假动作来隐蔽传球意图,虚实结合,使对方不易识破。

③后卫进攻技术训练

后卫队员是一个球队的核心队员,其作为临场比赛的组织者和指挥者,肩负着对全队攻守行动进行组织的重要职责。这便对后卫队员提出了以下要求。

第一,头脑机智灵活,行动果断,遇事不慌。

第二,观察和判断力好,篮球意识强,组织能力佳。

第三,速度素质和灵敏素质好。

第四,全面掌握篮球技术,控球能力好。

第五,能将比赛节奏把握好,有斗志,组织全队有效完成攻守任务。

在后卫进攻技术训练中,要侧重于以下内容。

传球技术:后卫队员组织进攻时,必然要采取传球技术。所以后卫队员要将各种传球方法熟练掌握,而且对战术配合中的进攻机会要非常熟悉,对同伴的进攻特点要非常了解。这样才能及时准确地给同伴传球。

运球和突破:后卫队员对球的支配与控制、对防守的摆脱以及对战术配合的组织都离不开运球和突破技术。当持球队员被防守者严防死守,没有机会传球时,要边运球边寻找机会传球或投篮;当防守队员在全场展开紧逼防守时,持球者要伺机运球突破,运球时对场上情况进行观察,抓住时机及时向站位有利的同伴传球。

投篮:后卫队员必须掌握外围3分投篮技术,这是直接得分的重要手段。3分投篮也会使防守方的防守区域扩大,从而为内线队员争取机会,使全队更加灵活地运用战术。

(2)防守技术训练

不同位置的球员在防守时除了要遵守共性要求,还要根据自己的位置特点遵守特殊的要求。中锋队员的防守与后卫队员的"领防"显然是有区别的,要使练习者将不同位置的防守技术掌握好,可以对进攻者的移动路线、方位进行限定,对具体位置的防守技术不断进行强化。

①前锋防守技术训练

在篮球比赛中,前锋队员要重点掌握的防守技术是防守对方的摆脱传接球、投篮和突破。

前锋队员在防守技术训练中要注意以下几点:

首先,仔细观察,对持球者的进攻意图进行判断,从而根据判断进行积极的防守。

其次,防守时要对有利位置积极抢占,防守持球者的同伴接球。

最后,将身体部位合理运用起来,对对方的传球、投篮、运球突破进行干扰和堵截。

②中锋防守技术训练

中锋在篮下防守,篮下存在着非常激烈的攻守争夺。防守方的中锋不仅要对进攻方的中锋进行防守,还要随时做好对同伴加以协助的准备,以完成补防。所以中锋防守时要满足的要求是扩大视野,准确判断,迅速移动,对有利位置进行抢占,做好补位协防工作。

中锋防守技术训练中要注意以下两点:

选位:阻止进攻中锋在限制区接球是防守中锋的首要防守任务。因此,中锋必须兼顾"球~我~他"来合理选择防守位置,在合适的位置上防守,可以减少或阻止对方中锋接球。

移动和手臂动作:中锋要抢占有利防守位置,就必须掌握各种移动步法,如滑步、上步、绕前步和撤步等。中锋在防守过程中,要对对方的传接球进行干扰和阻断,就要善于张开手臂对空间位置进行占据,不管是防守有球一侧还是无球一侧,抑或是移动中对对手空切加以防守,都应如此。

③后卫防守技术训练

在全队防守中,后卫防守位于前沿,要防守较大面积的区域。这就对后卫的移动技术提出了较高的要求,移动必须快速灵活,先仔细观察、准确判断,然后移动到有利位置。后卫不仅自己的防守能力要好,还要善于配合同伴进行防守,并能够对全队防守行动加以组织与指挥。

二、足球运动训练

(一)足球技术动作分析

1. 传球技术

传球是运动员需要掌握的最基本的技术。它是集体配合的基础,是完成战术配合、争取时间和空间、突破对手防线、创造射门时机的重要手段。在传球时要注意以下几点:传球应尽量快速、简练;后场尽量少做横回传,特别是在风雨天更应该注意;传球前要注意观察周围情况,正确预见同队队员和防守队员的意图;传球时要隐蔽自己的意图。

2. 接球技术

以脚内侧接地滚球为例,支撑脚与来球方向正对,微屈膝关节,稍向前倾上体,身体重心放在支撑脚上。接球脚提起(约一球高),大腿外旋,膝关节稍屈,脚掌与地面平行,脚内侧对准来球。当脚接触来球时,快放大腿,用脚内侧作为切面与来球前缘相切,切后随即微微上提,将来球挡在身体前并缓缓向前滚动。

3. 运球技术

(1)脚内侧运球

支撑脚始终领先于球,位于球的侧前方,肩部指向运球方向,支撑腿膝关节微屈,重心下降,另一只腿提起屈膝,用脚内侧推球前进,然后运球脚顺势着地。

(2)运球过人

运球时要逼近防守者,距对方 2 米左右。身体要保护球并用远离防守者的脚控制球。过人时重心要低并落于两脚之间,有利于假动作使对方失去重心,运用拨、拉、扣、挑等技术动作,突然快速地摆脱并越过对手。

4. 颠球技术

（1）正脚背颠球

用正脚背击球,击球瞬间踝关节紧张,击球的下部,由于摆腿的原因,击球后球产生一定的向内旋转是正常的。颠球时两脚可交替击球,也可单脚连续击球。击球时用力均匀,使球始终控制在身体周围。

（2）大腿颠球

抬腿屈膝,用大腿的前三分之一部位向上击球的下部。抬腿不宜过高,与髋关节高度平行或稍高于髋关节即可。两腿可交替击球,也可单腿连续击球。

5. 踢球技术

（1）脚内侧踢球

以踢定位球为例,直线助跑,两眼看球,支撑脚在球侧后方 10～15 厘米处,脚尖指向出球方向。踢球腿以髋关节为轴由后向前摆动,脚踝外展,脚尖稍翘,以脚内侧部位对准来球。

（2）脚背内侧踢球

踢定位球时,斜线助跑,助跑方向和出球方向约呈 45° 角。支撑脚在球侧后方 25 厘米左右,脚尖指向出球方向。用脚背内侧踢球的后下方。踢球时脚背要绷直,脚趾扣紧,脚尖指向斜下方。

6. 头顶球技术

以前额正面顶球为例,以原地顶球为例。身体正对来球方向,眼睛注视来球,两脚左右开立（或前后开立）,膝关节微屈,重心置于两脚间的支撑面上（或后脚上）,两臂自然张开,当球运行到快要通过重心垂直于地面的垂线时,两腿用力蹬地,迅速向前摆体,微收下颌,在触球前瞬间颈部做爆发式振摆,用前额正面击球中部将球顶出。

7. 守门员技术

（1）接球技术

以跪撑式接地面球为例。多用于向侧移步接球。接左侧球时,左腿屈,右腿跪撑于左脚附近,距离不得超过球的直径,其余动作与直腿式接球相同。接右侧球时,动作相同,方向相反。

（2）扑球技术

以倒地侧扑为例。以扑两侧球为例,两眼注视来球,身体重心置于两腿之间,两脚时刻准备蹬地,精力集中。扑球时,异侧脚内侧蹬地发力,同侧脚屈膝迎球跨出,上体顺势压扑以加速重心的前移倒地,双臂同时迎出接球,腕关节稍内扣,用手掌挡压控球。触球后屈臂收球于胸前,并快速抱球起身。侧倒过程以小腿、大腿、臀部、肩和手臂外侧顺序缓冲着地。

（3）击球技术

以单拳击球为例,起跳上升,同时,击球手臂位于肩侧,屈肘握拳,体稍侧转。至最高点时,身体快速回转,以肘带肩挥拳,用拳面将球击出。

（二）足球技术训练方法

1. 传接球技术训练

（1）对墙连续传球

所有练习者面向足球墙站成一排,人与墙的间距大约10米,一人一球向足球墙踢球,踢球部位可以是脚背正面或脚的内外侧,反复练习。

训练要求：

①要用正确的脚型踢球。

②两脚交替对墙踢球。

③要将传球的力量控制好,刚开始可缩短传球距离,减小传球力量,熟练后增加传球距离,加大传球力度。

（2）两人连续传球

两名练习者间隔10米左右相向而立,其中一名练习者用脚内外侧或脚背正面向另一名练习者传地滚球,接球的练习者要绕过障碍物接球并回传,回传时同样用脚内外侧或脚背正面踢球。

训练要求：

①传球准确、力度适宜。

②两脚交替传球。

③接球并回传时灵活移动身体,对身体姿势做适当的调整。

④传球和回传球时都要找准击球点球,球不能离开地面。

⑤逐渐增加传球速度和传球距离。

（3）长传球将球"吊"进球门

在距离球门 40 米远处画一条线，将若干足球放在线上，练习者从不同距离和不同角度向球门传长球，规定传球部位为脚内侧。

训练要求：

①传球脚一侧小腿摆动速度和摆动幅度决定了传球力量。

②传球要用力，但不要过分晃动身体。

③在球门处安排一名守门员，提高练习的趣味性。

④两脚交替用脚内侧传长球。

（4）三人两球前后移动短传球

三名练习者站成等腰三角形，腰长为 6 米，底边长为 5 米。顶角的一名练习者面向底角方向，底边两角的两名练习者面向顶角方向，各持一球轮流向顶角的练习者传球，顶角练习者先后退跑然后迎球并回传，反复练习。

训练要求：

①传球时采用正确的脚型，以传地滚球为主，变向时对支撑脚的站位进行灵活调整，以提高传球的准确性。

②传球力量和速度随练习量的增加而逐渐增加。

③两脚交替传球或回传球，采用多种不同的方法传球。

（5）跑动中迎球接球

三人一组，两组练习者相距 12 米面向而立，A 组排头练习者持球向 B 组排头练习者传球，传球后跑回 A 组队尾。B 组排头练习者向来球方向迎球接球并向 A 组第二名练习者回传，同时跑回 B 组队尾。后面的练习者按同样的方法依次练习。

训练要求：

①接球的练习者要先做突然起动、跑等摆脱动作，然后接球回传，要对练习者的摆脱意识予以培养。

②找准踢球点，准确完成传地滚球。

③熟练球性后跑动传接球速度逐渐增加。

④跑动、接球、回传的动作一气呵成，协调连贯。

2.运球技术训练

（1）人球分过

在训练场地设置若干相互间隔5米的标志杆,练习者持球站在第一根标志杆前进行绕标志杆运球练习,运球到标志杆前时把球踢向标志杆左侧而自己从右侧跑过控球,或把球踢向标志杆右侧而自己从左侧跑过控球,总之人与球要各自从杆的两侧通过,如此运球经过所有标志杆,反复练习。

训练要求：

①练习者向标志杆一侧推球时要在距离标志杆2米左右处就开始推球,不能离标志杆太近的时候再推球,否则容易碰撞标志杆或不能顺利运球绕杆。而且向标志杆一侧推球时重心向反方向倾斜,以调整重心,顺利从标志杆另一侧跑过而及时控球继续运球。

②向标志杆一侧推球时不能太用力,要控制好力量和速度,这样才能保证人从标志杆另一侧跑过后可以及时控球。

③练习水平提高后,将标志杆用防守队员替代,进行对抗性练习,提高练习的强度和趣味性。

（2）一对一正面运球过人

两名练习者相距12米左右相向而立,其中一名练习者持球给对面练习者传球,对面练习者接球后向传球者方向运球,之前传球练习者主动防守,伺机抢截球,运球者运球过人直到传球者初始站位后停止,之前的传球者也停止防守,跑到接球者最初的站位,然后二人互换角色按同样的方法练习。

训练要求：

①练习者接球后要以较快的速度运球过人。

②运用好运球过人的技巧,把握好时机,可采用假动作顺利带球过人,运用假动作可以使对手的防守重心发生变化,此时突然快速完成带球过人的动作,顺利摆脱防守。

③运球过人时既要有假动作,也要有真动作,注意动作方向和速度的灵活调整与变化。

④要将运球过人的方向隐蔽好,不要轻易被识破,同时要警惕对方的虚假防守动作。

⑤灵活运用自己的特点和小技巧快速完成运球过人。

（3）运球变速过人

一名练习者持球运球,另一名练习者抢截防守,运球方式以直线运球为主,当防守者在运球者侧面防守并伺机抢截时,运球者用脚内侧扣球停止运球;当防守者突然停下来时,运球者快速起动用脚内侧推球继续向目标方向运球前进。

训练要求:

①教练员做正确而完整的示范,使练习者掌握动作的结构与关键。

②运球过人的效果主要取决于扣球急停和起动推球跑的动作质量,要根据防守情况而控制急停时机和起动节奏。

③左右脚交替运球。

④隐藏变速节奏,不要被轻易识破。

3. 颠球技术训练

(1)用左脚或右脚尖把放在地上的球向上挑起。

(2)累计在规定时间内不落地击球次数。

(3)用脚背颠球,记录不落地击球次数。

4. 踢球技术训练

(1)做向前跨一步的踢球模仿练习。

(2)一人脚底踩球,另一人做向前跨一步踢球练习和慢速助跑踢球练习。

5. 头顶球技术训练

(1)两人一组,一人双手将球向斜上方托起,另一人站在球的下方,用前额正面顶球。

(2)进行自抛自顶比赛,顶得远者获胜。

6. 守门员技术训练

(1)快速移动中扑接球练习

场地中设若干障碍物,守门员与教练员各站于一侧,教练员持球。练习时,守门员快速跳跃及躲闪障碍物后立即扑接教练员射来的球。

训练要求:

①守门员听口令后开始起动。

②守门员以最快速度通过障碍物、马上作出扑球的准备动作。

③守门员紧盯教练员踢出的球,果断倒地扑接球。

④守门员扑接球动作要准确。

（2）扩大防守区域练习

教练员持球从不同角度向罚球区传球,守门员在球门前做好准备,目视来球而迅速出击,在罚球区内直接将球踢向预定地点。

训练要求：

①守门员不能用手碰球。

②教练员传球要富于变化,将高低不同的传球和快慢不同的传球结合起来。

③守门员目视来球方向迅速出击。

④守门员适当调整自己的姿势,准确朝预定地点踢球。

⑤守门员采用不同的脚法踢球,要根据对来球的判断而选择适宜的脚法。

（3）正确选位及扑接各种来球的练习

站在罚球点球处的教练员持球准备射门,守门员在球门前站好做好扑接准备。教练员采用不同的方式以不同角度射门,守门员根据来球情况而选择扑接方式。例如,教练员向左射地滚球,守门员向左侧倒地扑接地滚球；教练员向右射半高球,守门员向右鱼跃扑接半高球；等等。每完成一次扑接球,守门员都要再次调整站位,为下一次扑接球做准备。

训练要求：

①守门员站位合理,这是扑接球的基础。

②以准确、规范的技术方式完成扑接球。

③提高扑接球的质量。

三、乒乓球运动训练

（一）乒乓球技术动作分析

1. 发球技术

以正手发平击球为例,以左脚在前的近台站位为例,身体稍微右转,重心偏右脚。左手的掌心托球放于体前偏右侧,右手持拍于身体右侧。

左手将球向上抛起,同时右臂稍向后引拍;当球开始回落时,持拍手由身体的右后向前挥拍;在球下降接近球网高度时,将拍形稍前倾,击球的中上部。击球后,前臂和手腕应随势向前挥动,身体重心随之移向前面的脚。

2. 接发球技术

乒乓球接发球技术是一项被动中求主动的技术。接发球者应力争破坏对方的发球,限制对方特长技术的发挥。以接左(右)侧上旋球为例,一般采用推、攻回击为宜。回接时拍面角度稍前倾,加大向前下方的用力。当来球带左侧旋时,可让拍面朝左(来球方向)偏斜,以抵消来球旋转;当来球带右侧旋时,可让拍面朝右偏斜,以抵消来球旋转。

3. 攻球技术

以正手快带为例,左脚稍前,身体重心放于右脚,身体稍向右转。击球前适当拉开上臂与上身的距离,前臂、手腕自然弯曲。拍面前倾并固定手腕,使球拍高于击球点。击球时,动作要小,要求腰髋带动上体向左转动,在球的上升期击球的中上部。以前臂为主向前迎球,并利用来球前进的力量将球带出。快带中适当控制球的速度和落点变化有利于从被动转为主动。

4. 挡球

以右手为例。两脚要平行或左脚稍前,身体离球台大约50厘米。击球之前,前臂与台面应平行伸向来球。拍触球时,前臂和手腕要稍向前移动,主要是借助对方来球的反弹力把球挡回。在上升期,击球的中部,拍形与台面接近垂直。击球之后,快速收回球拍,快速还原成击球前的准备姿势。

5. 搓球技术

搓球技术是一种适用于近台和台内回击下旋球的技术。搓球技术主要有慢搓、快搓、搓转与不转球、摆短、劈长几种类型。

以搓转与不转球为例进行动作分析。击球作用力是否通过球心决定是否形成转与不转球。搓转球时,除击球速度、击球力量和拍面后仰角度要加大以外,还要在球拍切击球时摩擦球的中下部,使其作用力远离球心,形成较旋转的球。而搓不转球时,减小拍面后仰角度,手腕向前用力,击球中下部并向前上推送,使击球力量接近或通过球心,这样就形成相对的不转球。另外,还要注意搓球时动作的一致性。

6. 削球技术

以反手近削为例,击球前,前臂上提,球拍稍竖;击球时,以前臂发力为主,手腕配合向前下方压球,在来球高点期或下降前期摩擦球的中部或中下部;击球后无前送动作。

7. 弧圈球技术

以正手前冲弧圈球为例,以击球者为直握拍者为例,击球前前臂在腰、髋的带动下向右后方引拍,身体重心移至右脚,比拉加转弧圈球时稍高。当球拍与来球高度相同或稍低于来球时,拍形稍前倾于拉加转弧圈球,手腕屈(横握拍者手腕内收);击球时,前臂在腰、髋和大臂的带动下在来球的上升后期和高点期,在身体侧前方向左前上方挥拍,以向前为主,略向上发力摩擦击球的中上部。击球瞬间,肘关节约呈110°～140°,手腕伸(横握拍者手腕外展),手指手腕快速摩擦球;击球后手臂随势向左前上方挥动,保证力量充分作用到来球上,并迅速还原以备下次击球。

(二)乒乓球技术训练方法

1. 发球技术训练

(1)练习发各种旋转性能的球。
(2)在台前用多球进行发球练习。
(3)离墙2米对墙做各种发球练习。

2. 接发球技术训练

(1)运动员可以通过多球接发练习,达到准确接球的目的。
(2)回接对方平击发球练习。
(3)练习接对方用近似手法发出的两种不同旋转的来球,以提高适应能力。

3. 攻球技术训练

（1）2人对攻中路直线。

（2）2人正（反）手对攻斜线。

（3）2人对练,1人挡球,另1人练习直拍横打技术。

（4）2人对练,1人自抛自攻,另1人用挡球回击,互换练习。

4. 挡球与推挡球技术训练

（1）对推练习。

（2）挡平击发球练习。

（3）推挡对方攻球练习。

（4）各种推挡球方法的结合练习。

5. 搓球技术训练

（1）1人发下旋球,另1人将球搓回。

（2）台下做上肢徒手模仿动作,掌握技术要领。

（3）自己在台上抛球,当球弹起后将球搓过球网。

6. 削球技术训练

（1）模仿挥拍练习。

（2）削、攻结合练习。

（3）斜线与直线的削球练习。

7. 弧圈球技术训练

（1）2人对搓,1人搓中拉弧圈球。

（2）按照技术的动作结构,做台下上肢徒手模仿练习。

（3）1人正手或者反手挡直线（斜线）,1人练连续拉弧圈球。

四、棒球运动训练

（一）棒球技术动作分析

1. 传球技术

以体侧传球为例。两脚左右开立与肩同宽，膝关节微屈，双手持球置于体前，身体正对传球目标，两眼注视接球队员。接到球后，眼睛注意传球目标。重心起伏要小，上体稍向右倾。传球时，要先转髋，这样不易传偏。右手臂的轨迹在肩腰之间，能够与地面平行。

2. 接球技术

以接地滚球为例。接球前面对来球方向，两脚分开略宽于肩，前导脚在前，屈膝，上体前倾，重心落在两脚的前脚掌上，两手臂放松置于膝关节前，两眼正视来球。接球时，根据来球轨迹移动步伐，正面迎球，双手靠拢前伸，手套张开贴地，手指向下对准来球。地滚球刚弹跳离开地面瞬时或从最高点开始下降瞬时，在两脚连线中心前 30 厘米处用双手将球接住，随后迅速合套护球稍后引，同时传球臂后摆，垫步准备传球。

3. 击球技术

（1）挥击球技术

身体由下肢经躯干到上肢依次协调用力的完整过程，即挥击。具体如下：

①判断

击球员在击球时要注意力集中，身体保持正直，两眼直视投手的投球动作，在球到达本垒半程前作出好球或坏球和下棒或放过的判断。

②引棒伸踏

当投手准备投球时，击球员重心右移，用右脚支撑身体，同时两肩和腰部向右后转引棒，随后左脚向右侧收一小步，左脚的膝关节和髋关节稍内扣，头部正直不晃，两眼盯住投手，球棒的指向和位置保持原状态。当投手的投球手前送时，击球员身体稍后收，同时持棒手稍后引，随后左脚沿地面横向来球方向迈出,前脚掌内扣着地,脚尖与本垒成直角,伸踏的幅度为15厘米左右,重心落在右脚上。

③挥棒击球

在投手出球瞬时或左脚伸踏落地瞬时起棒,随后右脚提踵,迅速用前脚掌内侧发力蹬住地面,膝关节内扣,面颊贴在左肩锁骨上,同时重心前移,整个身体迅速向来球方向转动并准备向下挥棒。下棒时,腰部和肩部依次用力转动,髋关节的转动领先于手臂的挥棒动作,同时左肩打开,右肩前移,接着左手拉棒,右手推棒,两腕用力前送棒,让棒头超越棒尾,球棒贴近身体,腋部不要张开,眼不离球,准备吃中球。球棒击中球的瞬时,左手臂向前用力伸展,右手臂向击球方向推送,面颊贴在右肩锁骨上,两眼把球盯到底,由此开始球棒沿水平方向运动,球中棒的最佳部位在离粗端5～15厘米处。

④随挥

击中球后手臂不要立即停止挥动,应该主动用力让球棒沿水平方向继续运动一段距离,随之翻腕屈肘,右腕在左腕上翻过去,面向前方,挥棒至左肩三角肌处即右脚后跟抬起时止,然后分别松开右手、左手,将球棒丢放在身体的左后方,起动跑垒。

（2）触击球技术

当投手把球投出后,击球员根据来球的运动轨迹,调整站位及身体姿势,让球棒的中部对准来球。当来球接近身体时,双手轻轻将球棒推出或等球触棒。在球与棒接触的瞬时,双臂顺势后收,缓冲来球力量,将其轻击到本垒板前并使其在界内区域滚动,随后向一垒方向起跑。

4. 投球技术

（1）准备姿势

投手双脚略微开立,与肩同宽,双手持球于胸前。

（2）提膝转身

在向捕手和击球员示意投球之后,投手的左脚先向左侧迈出一小步,右脚(支撑脚)的脚尖由正对前方开始转向正右方,并带动身体转动,使身体完全面向右侧。同时,投手尽量将左膝关节提起,膝关节尽量与肢体贴近,双手持球平齐于耳,面部正对击球员,身体重心完全落在右脚上。

（3）伸踏

投手通过提膝转身将身体力量蓄势待发后，上体稍向前倾，身体重心向前平缓移动。当身体重心前移至一定程度后，支撑腿（右腿）与地面产生了一定角度，开始发力向后蹬地，折叠的前腿（左腿）顺势向前伸踏。与此同时，持球手和佩戴手套的手向前后呈水平方向伸展开来。

（4）折臂投球

当投手前腿（右腿）触地之后，身体重心落在前脚后脚连线的2/3处，后腿在重心前移时需放松，不可踩死地面。此时，击球员的左臂与手腕开始折叠向腋下收，持球臂的肘关节向肩上折叠。投手的腰腹开始向接球员方向（由右向左）扭转发力。当身体完全正对击球员，投手用送肩、顶肘、甩臂、抖腕的动作将球在体前肩上投出。

（5）随挥

投手将球投出后，动作并没有结束。由于惯性的作用，肩关节在球出手后，会沿着身体扭转的方向继续转动至最大程度。为了保持平衡，投手后腿需向后上方抬起以使身体保持平衡，左腿做好支撑，保持观察击球员的状态。

（6）结束动作

随挥动作结束时，投手身体正面转动至左侧，后脚（右腿）点地制动，并继续观察击球员的击球状况。

5. 跑垒技术

（1）击跑员跑垒

①击球后的起跑

击球员完成随挥放棒后，左脚蹬地，重心右移，右脚迅速向一垒方向跨出半步，上体前倾，沿直线疾跑5～6步，步频快，步幅小，两臂摆动幅度大，不要看击出的球。

②垒间跑

击跑员上体抬起，眼睛盯住一垒包，以最快的速度沿跑垒限制道全力向一垒奔跑，切记边跑边看球。避免出现奔跑的方向和球的飞行方向出现偏差，造成跑垒失误。

③冲刺踏垒

击跑员在距一垒4米左右时身体前倾，不要有碎步或减速，全力冲刺跑过一垒，尽量用左脚前脚掌踏触一垒包的外侧，若能连续向二垒跑则踏在垒包的内角。这一阶段主要考验击跑员的奔跑速度,对击跑员的身体素质要求比较高。

④减速返回或继续进垒

击跑员跑过一垒后,上体抬起,以碎步逐渐减速,在距离一垒3~5米处停止,随后转身面向内场观察场上的攻守局面,判断是否进二垒或返回一垒,如果返回一垒应沿一垒边线的界外区域返垒。

(2)一垒跑垒员跑垒

当投手持球踏在投手板上时,跑垒员以侧滑步动作向二垒方向移动3~4步,离开一垒包,面向投手,眼睛盯着投手的前臂和伸踏脚,重心降低置于两脚之间,保持身体平衡,离垒的范围要以安全返垒为准;当向二垒起跑时,左脚经体前交叉,同时上体右转向二垒,并且结合守场员接球的具体位置与具体动作,用最短时间判断采用哪种手段上垒,具体包括扑垒、滑垒、连续跑垒或碎步上垒。

(3)二垒跑垒员跑垒

当投手持球踏触投手板时,二垒跑垒员可以离垒。离垒动作的基本姿势与一垒跑垒员相似,但离垒的距离可以远一些,位置最好在二垒或三垒的垒线上。二垒跑垒员的注意力集中在投手身上,并善于根据三垒跑垒指导员的暗号和比赛场上的局面,如内场地滚球、外场高飞球、安打球、守场员的失误等,做好返回二垒或跑向三垒或踏触三垒的内角继续跑进的准备。

(4)三垒跑垒员跑垒

三垒距离本垒最近,故三垒跑垒员得分的可能性是最大的。当投手持球踏触投手板时,三垒跑垒员可离垒3~4步。在投手向击球员投球之后,用交叉步再离垒3~5步作跑向本垒的准备;若接手接住球,则返回三垒。离垒的路线及位置应在界外区域,最好在边线外一步的地方。

(二)棒球技术训练方法

1. 传接球练习

(1)传接球技术动作的短距离练习

练习者两人一组或三人一组,进行短距离的互相传接球练习,练习者之间的距离在10米左右。教练员以及练习者之间应及时对不正确的动作进行纠正并改进。

（2）左右手传接练习

传球者用甩腕、拨指的方法,将右手所持的球反复向自己左手手套传球。通过这一练习,可以让练习者逐渐熟悉手套的使用方法,固定甩腕拨指动作,加强手指、手腕的控球感觉。

2. 击球技术练习

（1）空挥练习

空挥练习是指练习者在教练员的指导和演示下,或自己对着镜子,反复进行空挥模仿。这种方法对于刚开始接触棒垒球运动的运动员来说简单易行,能够有效地帮助运动员固定击球动作。

（2）支撑架练习

该方法将球与击球技术相结合,让运动员在进行空挥练习的同时,提高对挥棒高度与球体位置之间关系的认识。如果条件允许,在练习时可以使用练习支撑架对球进行固定。支撑架的高度可以高低左右（细微的高低位置通过橡皮管包裹铁管的多少而定）进行调整,以模拟不同高度的击球点。

3. 投手技术练习

（1）徒手练习

在教练员指导下,运动员通过两人、三人以及多人一组的形式,徒手进行投球技术练习。教练员以及运动员之间可以通过点评和互评的方式对不正确的动作进行纠正和改进。

（2）快投练习

在进行该练习的时候,练习者可以面对挡网,也可以与击球员或者接手一起练习。建议连续完成15个快投为一组,要求动作不变形,投球能够较准确地投中所设目标。

4. 跑垒技术练习

（1）多垒跑练习

多垒跑练习主要是针对连续跑垒技术进行的专项练习。教练员要求运动员从本垒开始,沿着一垒、二垒、三垒疾跑回本垒。弯道速度保持在全速跑的80%左右。注意,在进行连续跑垒时,身体重心向内倾斜,练习者按照弧度的跑动轨迹进行跑动。

(2)高飞球踏垒跑练习

三垒有跑垒员,教练员站在游击的位置把球抛向外野,跑垒员在球进防守队员手套的瞬间起动跑回本垒。

第三节　格斗对抗运动训练

随着格斗对抗类项目的不断发展,这类项目在奥运会中所占的比重越来越大,因此关于这类项目的科学训练也越来越受重视。格斗运动员竞技能力发展的阶段性、承担比赛任务的重要性以及运动伤病的特殊性等原因,对专项运动训练提出了很高的要求。只有科学指导与监督运动员进行系统训练,才能提高训练效率,提升运动员的竞技能力,使其在重大比赛中获得优异的成绩。格斗对抗运动包括击剑、跆拳道、拳击、散打、摔跤、柔道等项目,限于篇幅,本节主要对拳击运动的技术训练进行分析。

一、拳击基本技术

(一)基本姿势

拳击运动的基本攻防姿势有左架姿势和右架姿势两种。右架姿势是将身体正面侧向右方,左拳与左脚在前方,右拳与右脚在后方;左架姿势与右架姿势相反。拳击攻防姿势中较为常见的是,左手在前,右手在后,将左右手置于恰当的位置。左脚在前方,足尖稍微指向右侧前方;右脚在后方,足尖指向前方。前脚跟和后脚尖间之间大约间隔30~40厘米的距离,两脚之间的左右间距与肩宽大约相同。把身体的重心置于两脚之间,前半脚掌是两脚的主要着力点,两脚的脚跟要离开地面。稍微弯曲前腿的膝部,后腿膝部弯曲的幅度要大于左腿弯曲的幅度。不管身体重心是静止还是移动状态,重心的投影都不能超越两脚的支撑面。

(二)基本步法

1. 滑步

以前滑步为例,后足先发力蹬地,前足浮在地面先向前滑进20～40厘米,后足及时跟进滑行相应的距离。

2. 刺步

刺步通常要与拳法配合使用,刺步动作敏捷而且具有爆发力。当对手在防卫过程中表现出一些空隙或破绽时,要将有利时机抓住使用刺步与拳法相配的方法对对手进行攻击。刺步时,前脚在地面上平浮,后脚的前半脚掌用力撑地,前脚向前迅速逼近30～40厘米的距离,后脚随之跟进30～40厘米的距离。

3. 侧步

以右侧步为例,当对手打左直拳时,先启动右脚向右侧移动一小步,左脚及时跟进一小步,使用右侧步步法时最好站立在对手的左拳外侧。

4. 环绕步

环绕步这一步法是以对手为中心的,主要在与对手迂回中使用。环绕步又可以分为向左环绕步和向右环绕步。向左环绕步时,先移动左脚,然后右脚随之跟进;向右环绕步时,先移动右脚,然后左足随之跟进。围绕对手采用环绕步时,要保持身体重心的稳定,不要频繁变化攻防姿势。

5. 撤步

撤步使用的目的在于迅速避开对手的进攻,或者重新对攻击位置进行调整。后撤一步后,如果对手继续步步紧逼,防守方就要放弃一直撤步,否则就会被对方逼到台角或围绳边,这时就难以还击。此时,应该向左或向右迅速移动,巧妙避开对手对自身的进攻。

(三)基本拳法

1. 直拳

以前手(左)直拳为例,前手直拳作为实拳打出,其分量比较重。其打法是在向前滑步的同时打出左直拳,在接触击打目标前拳头向内侧旋转90°,同时利用身体向前移动的速度,上体略前倾并耸肩,加大击打力度,右手护住下颚和右肋部。但上体前倾和耸肩出拳时,身体重心仍要保持在前脚支撑点内,头部不可超越前脚尖。

2. 刺拳

刺拳与直拳有相同点,但也有不同之处。出拳速度快而且动作轻则称为刺拳,出拳动作沉重称为直拳。刺拳是以直线的路线轨迹完成的,主要攻击目标是对手脸部。具体方法为臂膀由屈到伸,拳头直线出击。当肘臂将要伸直时,拳头向内旋转或拳背向上。左脚要在出拳的同时向前滑步,靠近对方,使发出的拳带有推力和压力。拳打出去时,上体应稍前倾,并配合送肩动作,以加大出击力量和幅度。

3. 摆拳

摆拳的一般打法是:用前手拳佯攻,当对手向自己左方移动时,即用后手摆拳击打对手的头部或左腮面。摆拳打出时,肘臂由屈增大到120°~150°,拳背向上,拳峰内扣,虎口向自己,否则,容易造成犯规。击打时,要充分利用两腿蹬地和转胯的力量。摆拳不论击中与否,拳头摆击到面前中线即制动并迅速收回拳头,保持基本攻防姿势。前手摆拳的使用一般配合上步或位移且前侧手摆拳也有破坏对手防御的作用。

4. 勾拳

勾拳这一拳法通常是在近距离范围内使用的,因为勾拳这一动作的手形像勾,所以被称为勾拳。采用勾拳进行击打时,弯曲肘臂成90°,勾拳的运行路线较短,而且是在短时间内迅速发力的。勾拳分为上勾拳、侧勾拳、侧上勾拳和平勾拳四种,这四种勾拳又分别有左右手之分,下面只分析其中一侧手的勾拳打法。

(1)后手(右)上勾拳

身体略右侧转、屈腿,后肩沉低,拳内扣,拳峰(虎口向外)向上,随着拳头打出拳眼向外转,拳峰对准击打目标~~腹部或下巴,由下而上击打,同时伸后腿,抬上身,后足内旋碾地以增加击打力量。

(2)后手(右)侧勾拳

用前手拳佯攻,引诱对手出拳,或主动逼近对手,用后手侧勾拳(拳背向上,拳眼向内,肘臂成直角)拳峰对准击打目标打去。出拳的同时身体重心移到近左足并略向左侧转体30°~45°,肘臂随着拳头打出,肘部跟着提高到上臂水平面,这样可以避免对手用左臂阻挡,或防止对手用左拳反击肋部。

(3)后手(右)侧上勾拳

当对手左直拳打来时,要及时向对手左拳外侧闪躲开,身体略右侧转,上体略俯低,身体重心偏向右足,拳眼朝上,拳峰对准对手肋部,随着拳头打出,拳眼转向外,抬起上身,伸展右腿,身体重心移近左足。它的第二种打法是闪躲开对手左直拳后,拳峰对准对手下巴击打。右拳从对手左手臂下穿过向上击打其下巴,随着拳头的打出,身体略侧挺起,身体重心移到右足上,呈侧立挺胸拳状,向上击打。

(4)后手(右)平勾拳

当对手逼近或自己上步、上身紧贴对手时,稍降低上身,低头,含胸,猫腰,两肘垂直贴近身体,上臂与前臂成直角,对准对手的肝部和脾部击打。后手(右)平勾拳发力以上体为转动纵轴,拳头平直打出时,上体随着击打方向拧腰以增加拳头击打力量。

5. 抛拳

抛拳这一拳法介于直拳和摆拳中间。打出抛拳时,主要路线是从稍侧上到侧下方,呈现出小抛物线的运行轨迹,抛拳的动作较快,而且是在较近距离范围内使用的。抛拳打出主要是要对腰部的力量加以借用,即腰部突然转动的瞬间打出拳,动作速度极快而且没有很大的动作幅度。抛拳开始击出时,拇指与自己的身体相对,拳心与对手的身体相对,拳打在对方的目标部位时转动手腕用拳对其正面进行击打,这时拳心要与斜下方相对。

第三章　常见竞技体育运动项目训练实践

（四）组合拳法

1. 前手直拳击头 + 后手直拳击头

实战姿势，甲向前滑步向乙靠近，同时用前手直拳向乙方头部攻击，然后收拳放在下颌前，再用后手直拳向乙方头部击打。

2. 前手直拳击头 + 后手直拳击腹

实战姿势，甲向前滑步向乙靠近，同时用前手直拳向乙方头部攻击，然后收拳放在下颌前，重心下移，再用后手直拳向乙方腹部击打。

3. 前手直拳击头 + 前手摆拳击头

实战姿势，甲向前滑步向乙靠近，同时用前手直拳向乙方头部攻击，然后再换前手摆拳向乙方头部击打。

4. 前手直拳击头 + 前手上钩拳击下颌

实战姿势，甲向前滑步向乙靠近，同时用前手直拳向乙方头部攻击，然后再换前手上勾拳向乙方下颌击打。

5. 前手摆拳击头 + 后手直拳击腹

实战姿势，甲向前滑步向乙靠近，同时用前手摆拳向乙方头部攻击。然后收拳放在下颌前，重心下移，再用后手直拳向乙方腹部击打。

6. 前手摆拳击头 + 后手上钩拳击下颌

实战姿势，甲向前滑步向乙靠近，同时用前手摆拳向乙方头部攻击。然后收拳放在下颌前，紧接着用后手上勾拳向乙方下颌击打。

7. 前手平钩拳击头 + 后手上钩拳击下颌

实战姿势，甲向前滑步向乙靠近，同时用前手平钩拳向乙方头部攻击。然后收拳放在下颌前，紧接着用后手上勾拳向乙方下颌击打。

8. 后手平钩拳击头 + 前手摆拳击下颌

实战姿势,甲向前滑步向乙靠近,同时用后手平钩拳向乙方头部攻击。然后收拳放在下颌前,紧接着以前手摆拳向对方下颌击打。

9. 前手刺拳击头 + 后手直拳击头 + 前手上钩拳击腹

实战姿势,甲向前滑步向乙靠近,同时用前手刺拳向乙方头部攻击。然后收拳放在下颌前,紧接着以后手直拳向乙方头部攻击。再次收拳置于下颌前,同时向前滑步靠近乙方后立即以前手上勾拳向对方腹部击打。

10. 前手直拳击腹 + 后手直拳击头 + 前手上钩拳击腹

实战姿势,甲向前滑步向乙靠近,重心下降,迅速用前手直拳向乙方腹部攻击。然后立即收拳放在下颌前,再以后手直拳向乙方头部击打,再收拳放在下颌前,紧接着向前滑步靠近乙方后立即以前手上勾拳向对方腹部击打。

二、拳击技术训练方法

(一)影子训练

影子训练是拳法训练的有效方式之一,它不但能够提升拳法的熟练性,还能使神经系统功能得到完善。练习者在灯光下空击,可以观察自己的影子拳是否准确,发现错误便及时纠正。对初级阶段的拳击运动员来说,采用影子训练是非常合适的,这种训练方法和对镜训练相似,都可以用来对基本技术加以学习、改进,对各种攻防技巧不断予以熟练。

练习者对着镜子或影子对自己的一举一动进行观察,自己发现自己的问题,这也有助于锻炼练习者的运动心理素质和运动智能。总之,影子训练或镜子训练能够起到教练员一对一指导训练的效果。

第三章 常见竞技体育运动项目训练实践

（二）打沙袋

打沙袋训练是锻炼耐力和击打力量的良好练习方式。练习时，身体与沙袋间距适宜，打击方法要正确，减少失误，以免发生损伤。初步练习时，教练员或同伴可将沙袋摁住以达到固定的效果，练习中注意体会手感。

（三）跳绳训练

跳绳训练可以锻炼步法，提高上下肢与身体的灵活性，提升动作的协调性。在拳击技术训练中，跳绳训练法运用普遍，经常出现在拳击运动员的训练计划中。

跳绳练习的具体方式丰富多样，练习者可以摇1次绳单脚跳一次，两脚交替跳，也可以摇1次绳，两脚并拢同时跳1次，或者两脚并拢跳起腾空后，再次摇绳使绳从脚下过。跳绳练习不适合采用匀速跳，而应该随时变化速度，快慢交替，以提高练习效果。在热身阶段或最后的整理阶段可以进行匀速跳练习。

（四）路训

"路训"指的是在户外进行训练，如在田野训练，在公路训练等，总之是离开室内拳台的一种训练方式。一般在调节训练阶段采用路训的练习方式，长期在室内的拳台上进行练习，运动员难免会感到枯燥，从而影响训练积极性和训练效果，而适当走出室内训练场地，去空气清新的大自然中如田野、乡间等进行训练，能够调动运动员的训练热情，使其训练积极性得到提升。以上所讲的跳绳训练和拳法训练都可以在户外进行。

第四章 我国竞技体育可持续发展战略

在当前全球化发展背景下,一个国家、地区和民族的竞技体育发展水平,是衡量该国家、地区和民族是否强大的重要指标。现阶段,我国要提升中国体育在世界体育发展中的实力,就必须顺应时代发展潮流,重视竞技体育的发展,实施竞技体育科学发展战略,走可持续发展之路。本章主要对我国竞技体育可持续发展战略展开研究,主要内容包括竞技体育可持续发展释义、我国竞技体育发展现状与影响因素、我国竞技体育可持续发展战略的制定及战略对策。

第四章　我国竞技体育可持续发展战略

第一节　竞技体育可持续发展释义

一、竞技体育可持续发展的概念

我国在发展当代竞技体育的同时,还应考虑不影响今后我国竞技体育的持续发展和把我国的竞技体育可持续发展纳入可持续发展的整体战略中,即我国竞技体育在筹划如何能夺取更多金牌的同时,还必须考虑体育发展的经济指标、社会指标、资源指标和环境指标等因素。

竞技体育的可持续发展不仅仅在于多得几块金牌,还有其他更为丰富的内容。因此可以这样界定竞技体育可持续发展的概念:竞技体育可持续发展是指竞技体育能满足社会的体育需求,且竞技体育系统各子系统之间及其与其他体育活动乃至经济社会环境协调发展基础上的发展模式。

二、竞技体育可持续发展的内涵

(一)满足社会的体育需求是竞技体育可持续发展的根本动力

如果竞技体育的可持续发展仅仅定位于一味追求金牌数量的发展模式,这种假定的社会需求则是泡沫,迟早要破灭。中国竞技体育实现可持续发展的真正社会需求乃是金牌的"内涵"或"含金量",更为重要的是在金牌的背后,群众享受到了高水平的具有高级审美特征的体育服务产品。持续的需求所形成巨大的有效体育需求,推动了体育产业的发展,这才是中国竞技体育走上真正可持续发展之路的动力之源。

（二）竞技体育内外系统协调发展是竞技体育可持续发展的重要保证

从竞技体育系统内部的发展来讲，不同部门、单位之间以及竞技体育人、财、物等资源之间都必须协调发展，目标必须一致。从竞技体育系统外部的发展来讲，竞技体育的发展还要与社会发展相协调。竞技体育发展如果不顾社会发展的需要及经济社会的承受能力，一味追求项目和高指标往往会造成目标错位，会直接影响到中国竞技体育的可持续发展。为此，竞技体育要与群众体育保持协调发展。进一步讲，竞技体育要为群众体育的发展提供巨大示范引导作用，能直接促进群众体育的发展；从竞技体育系统与外部环境的系统发展来讲，竞技体育要通过塑造先进文化，大力发展体育产业，促进经济社会的发展，以成为"国民经济新的增长点"。竞技体育还要通过广泛地参与国际间竞争并获取较优异成绩，为国家争得荣誉。

中国竞技体育的可持续发展要求一方面积极调整自身系统从无序到有序的转变；另一方面，必须以经济社会发展为参照，积极谋求社会的支持，依靠社会力量的支持走上可持续发展的轨道。

第二节　我国竞技体育发展现状与影响因素

一、我国竞技体育发展现状

（一）我国竞技体育项目发展情况

1. 田径运动

进入 21 世纪以来，我国田径运动竞技水平稳步发展，不断提升。2004 年雅典奥运会上，邢慧娜获女子 10 000 米金牌；刘翔获男子 110 米栏冠军。2006 年 7 月 12 日，刘翔在瑞士洛桑田径超级大奖赛男

第四章　我国竞技体育可持续发展战略

子 110 米栏的比赛中，创造 12.88 秒的世界纪录。2006 年 9 月 9 日，刘翔在国际田联世界田径总决赛 110 米栏决赛中，以 12 秒 93 的成绩夺得冠军，并打破赛会纪录。刘翔是我国田径运动的里程碑人物。

2012 年伦敦奥运会上，我国共获得 1 金 4 铜，全部 5 枚奖牌中，李艳凤获女子铁饼比赛铜牌，竞走项目收获一金三铜，陈定夺得男子 20 公里冠军，实现了中国竞走在男子项目上奖牌零的突破。

2015 年北京田径世锦赛上，苏炳添在男子 100 米半决赛上以 9 秒 99 打破全国纪录，成为该项目决赛历史上亚洲第一人。女子 20 公里竞走比赛中，中国选手刘虹以 1 小时 27 分 45 秒的成绩夺得冠军。男子 4×100 米决赛中，中国队以 38 秒 01 的成绩摘银，创造亚洲历史。

2016 年国际田联室内世锦赛中，中国队凭借董斌获男子三级跳远冠军，黄常洲的男子跳远第三，以 1 金 1 铜位列奖牌榜第 9 位。

2018 年 6 月 20 日，法国蒙特勒伊田径赛上，谢震业夺得男子 100 米冠军，成绩是 9.97 秒，刷新黄种人纪录，也是全国新纪录！

2020 年东京奥运会田径比赛中，中国田径队共有 59 名运动员参加了 24 个小项的角逐，最终以 2 金 2 银 1 铜共 5 枚奖牌，并在多个项目上取得历史性突破。中国田径的出色表现，赢得了世界田联主席塞巴斯蒂安·科的肯定。他表示，中国田径近年来一直在发展，优势项目正在增加。

2. 体操运动

体操是我国传统竞技体育运动强项。2005 年，中国女子体操运动员程菲摘得体操世锦赛女子跳马桂冠，填补了中国女子体操单项世界冠军的最后一个空白，她完成的动作被命名为"程菲跳"。2008 年北京奥运会上，中国体操队共夺得 9 枚金牌，成为本届奥运会夺金最多的项目。

近年来，我国竞技体操运动面临着比较严峻的后备人才不足问题。2016 年里约奥运会中，中国体操队遭遇"雅典滑铁卢"，队员年轻、比赛经验不足是主要原因。但经过几年来对人才培养的重视与改革，中国体操队重新焕发活力。2020 年东京奥运会上，"双杠王"邹敬园以 16.233 分超高难度的表现夺得体操男子双杠冠军，体操队小花管晨辰、唐茜靖绽放平衡木赛场，分别以 14.633 分和 14.233 分的好成绩包揽金银牌。中国国家体操队最终以 3 金 3 银 2 铜共计 8 枚奖牌的优异成绩向全世界展示了中国实力、中国精神。

3. 球类运动

下面以三小球（网球、羽毛球、乒乓球）为例，对我国竞技球类运动的发展现状具体分析如下。

（1）网球

21世纪以来，我国网球运动发展迅速，尤其是女子网球项目水平可圈可点。

2004年雅典奥运会中，女子双打组合李婷/孙甜甜获得冠军。

2011年6月，李娜夺得法国网球公开赛大满贯，此后，又在2014年的澳网公开赛上拿下大满贯冠军，创造了亚洲女子网坛独一无二的成绩。

2016年WTA天津公开赛，彭帅获WTA单打首冠。2016年澳网比赛，张帅职业生涯中首次闯入大满贯八强，成为新的亚洲一姐。

2016年奥运会网球比赛中，中国金花全部出局。

2020东京奥运会中，中国金花表现不佳，未能重现昔日辉煌。运动员年龄较大、负伤较多成为不争的事实，面对我国网球发展，急需发掘和培养一批优秀的网球新人。

（2）羽毛球

我国羽毛球运动竞技水平一直不错。2000年悉尼奥运会中中国包揽了除了男双金牌以外的其余4项比赛的金牌。在女双的比赛中更是历史性地包揽了金、银、铜牌，创造了奥运会羽毛球比赛的一个前无古人的历史。

2004年，中国女队实现尤伯杯四连冠，中国男队重夺汤姆斯杯；在雅典奥运会上中国羽毛球队获得了3金、1银、1铜的不俗成绩。

2008年北京奥运会上，蔡赟/傅海峰的银牌创造了历史。之后，在2010年巴黎世锦赛，2011年伦敦世锦赛和2012年伦敦奥运会上，中国羽毛球队包揽了全部冠军。

2016年5月21日，中国队实现尤杯三连冠，历史上第14次夺取尤伯杯。2016里约奥运会上，谌龙夺得羽毛球男子单打冠军，傅海峰/张楠获男双冠军。

2020东京奥运会上，中国羽毛球队斩获了2金4银，对于近年来经历了低谷期的中国羽毛球队的来说，虽然相比全盛时期包揽五金的盛况还是有所欠缺,但相比里约奥运会上的两金一铜,已经有了很大的改观。

整体来看,我国羽毛球竞技水平仍保持着优势,但也面临着后备人才不足的发展困境。

（3）乒乓球

乒乓球是我国的"国球"。在 2001 年第 46 届世乒赛上,中国乒乓球队第三次包揽全部 7 项冠军,此后,中国乒乓球队始终站在世界乒坛的最高峰。2016 年里约奥运会中,中国乒乓球队第五次包揽金牌,再次展示了乒乓球的世界霸主地位。在 2020 年东京奥运会上,中国乒乓球队一共斩获了 4 枚金牌以及 3 枚银牌,虽然在乒乓球混双项目上丢失金牌,但我国竞技乒乓球的霸主地位依然屹立不倒。

4. 其他运动项目

在竞技体育的重竞技大项中,我国举重的成绩十分突出。2016 年里约奥运会,中国举重队共获 5 枚金牌和 2 枚银牌。2020 年东京奥运会上,中国举重队取得 7 金 1 银的优异成绩。

柔道和跆拳道等项目上,我国运动员近年来表现出色,2016 年里约奥运会上,郑姝音获女子跆拳道 67 公斤以上级决赛冠军,赵帅摘得男子 58 公斤以下级的金牌,实现了中国男子跆拳道金牌"0"的突破。但我国跆拳道运动员的发挥不够稳定,未能一直保持这一优势局面。在 2020 年东京奥运会上,中国跆拳道队整体表现一般。被寄予厚望的里约奥运会冠军赵帅和世界冠军郑姝音,均在各自单项中意外失手。最终,中国队以 0 金的成绩惨淡收场。

游泳方面,我国游泳队正在崛起,以孙杨、叶诗文、宁泽涛、骆雪娟等为代表的游泳运动员在各大游泳比赛中有非常好的表现。2016 年里约奥运会中,中国游泳队共摘得 1 金 2 银 3 铜,许多未获奖的运动员也在很多项目上取得了重要的突破。2020 年东京奥运会上,中国游泳队取得 3 金 2 银 1 铜的好成绩,位列金牌榜和奖牌榜的第四,放在中国游泳的奥运征战史上,也是排在第三的好成绩。

跳水方面,我国跳水水平长期居于世界前列。2016 年的里约奥运会中获得 7 金 2 银 1 铜的好成绩。2020 东京奥运会上中国跳水队以 7 金 5 银的优异成绩完美收官!

整体来看,我国竞技体育运动发展中,我国乒乓球、体操、跳水、举重、射击、乒乓球、羽毛球、柔道等为传统优势运动项目,集体球类项目运动水平普遍较低,如足球、篮球、男子排球、手球项目、男子曲棍球、棒球、垒球、水球等,综合实力有待进一步提高。

此外,对于奥运会项目,尤其是被设定为重点发展的奥运会项目,国家支持和发展力度大,表现出了强盛的生命力;对于非奥运会项目,投入力度有限,发展面临多方面因素的挑战。

(二)我国竞技体育人才发展面临的问题

1. 竞技后备人才少

当前,我国社会经济发展迅速,人们有更多的机会获得生产和发展,而竞技体育的训练与成才是一个长期、艰苦、成材率低的过程,我国竞技体育始终处在投入高、产出低、淘汰率高的粗放型发展模式中,这就使得越来越多的人不愿意投身于竞技体育事业,参与运动训练的人才分流现象普遍。

调查发现,当今社会,我国许多家庭都在让孩子从事体育发展的道路上存在保守态度。运动训练过程中要吃很多苦,即便如此也不能保证日后能成才,这是因为竞技体育运动的成材率是非常低的,而且,运动员退役之后的再就业也是一个非常大的难题,这些问题都一一摆在家长面前,不得不慎重考虑。也正是基于多方考虑,运动员的后备人才数量非常少。

2. 人才体质水平不高

近年来,历次全国青少年体育健康调查结果显示,受多种因素的影响,我国青少年体质水平不断下降。

青少年学生群体中,各项身体素质的指标持续下滑,与此同时,超重、肥胖、视力不良检出率却在不断上升,这对现代竞技体育选材产生了很大影响,已经发展成影响竞技体育稳步健康发展的重要因素。

3. 体校缩减,成才率低

经调查,近些年来,我国竞技体育发展进入了一个严峻的时期,很多专业体校难以招生为继,许多业余体校更是面临着生源少濒临关门的情况。一些体校不专业,在竞技体育人才培养方面技术、场地、教练等各方面都比较落后,耽误了许多具有潜力的青少年运动人才的发展。还有一些体校,在经济利益驱使下,过度训练、虚报年龄,严重损害了青少年运动员的身心健康,并灌输了不良的竞争意识和体育价值观。

就体校教育体系来说,还存在许多人才培养问题,如教训思想、教训理念、运动训练技术、基础设施建设、人才输送、教练员素质水平有待提高等。

二、我国竞技体育发展的影响因素

影响我国竞技体育发展的因素有很多,其中政治、经济与科技是最为重要的三个因素。竞技体育工作人员在进行研究时,一定不要忽略了这三个方面。

(一)政治因素

自竞技体育产生之初就与政治发生着密切的联系,其发展是建立在一定的政治与经济基础之上的,缺少了政治与经济因素的扶持,竞技体育也就难以获得发展。无论在任何时期、任何情况下,竞技体育的发展都会受到一定的政治因素与经济因素的制约。这一点是十分明确的。

目前,我国竞技体育得到了非常迅速的发展,其在发展的过程中与政治发生着极为密切的联系。过去竞技体育与政治之间发生着密切的联系,在当今社会背景下,这种联系也有增无减。发展到现在,竞技体育已被整个社会所接受,受到世界上各个国家的重视,竞技体育这一现象也被国家政治所青睐和利用,可以说,竞技体育正变得越来越政治社会化。如运动员参加国际性的体育赛事,他代表的不仅仅是自己这一个个体,还代表着一个国家,其取得的成绩与国家发生着密切的联系。运动员良好的竞技体育成绩能受到其他国家或人民的认可,促进国家的世界影响力逐步提升。这就是政治因素与竞技体育之间密切关系的表现。

伴随着我国竞技体育的高度发展,我国的竞技体育水平已成为衡量一个国家综合实力的重要因素。在具有广泛影响力的世界大赛上,我国运动员取得的优异成绩会激发人们强烈的民族自豪感,激发人们的爱国热情。可以说,竞技体育具有重要的感化育人的价值与功能。发展到现在,我国的竞技体育水平在一定程度上影响着国家的社会影响力和国际地位。

（二）经济因素

经济因素也是影响我国竞技体育发展的一个非常重要的因素,经济因素对竞技体育的影响主要表现在以下三个方面。
（1）社会经济为竞技运动的发展提供了必要的设施及条件。
（2）竞技体育的结构和手段受到社会经济发展水平的制约。
（3）竞技运动的规模和水平受到社会经济发展水平的制约。

（三）科技因素

科技也是影响竞技体育发展的非常重要的因素之一。如今,各种体育赛事越来越多,人们足不出户就能在家中通过电视、网络等就能观看到高质量的体育赛事,这就是科技的力量。

伴随着科学技术的进步,大量的高科技产品和设备被广泛用于竞技体育运动训练和比赛之中,这使得竞技体育出现了大众化发展的趋向,大量的体育爱好者纷纷投入到体育消费之中,促使竞技体育及体育产业获得进一步的发展。

在竞技体育中,每一项运动纪录的产生,除了运动员的努力拼搏之外,还离不开各种高科技手段的利用,正是由于科技的推动,运动员才创造了一项又一项世界纪录。而竞技体育的发展反过来又促使科学技术不断革新。

第三节　我国竞技体育可持续发展战略的制定

一、竞技体育可持续发展战略目标的制定

中国竞技体育可持续发展战略是一个复杂的、长期的、动态的系统工程,中国竞技体育可持续发展战略目标是一个系统的目标体系,具体包括以下三个方面。

(一)远期目标

竞技体育可持续发展的远期目标是,竞技体育能充分满足社会的体育需求,建成一套完善的与社会主义市场经济体制相适应的,具有中国特色的竞技体育组织管理体系和良性循环运行机制。实现竞技体育与群众体育以及与经济社会的协调发展,形成国家调控、依托社会的良性循环发展模式。

(二)中期目标

竞技体育可持续发展的中期目标是建立起较完善的竞技体育组织管理体系。竞技体育的社会化、市场化、国际化、科学化程度等有较大程度提高。基本实现竞技体育社会效益与经济效益协调发展。

(三)近期目标

中国竞技体育可持续发展战略的近期目标是:分析中国竞技体育在未来发展中面临的重大问题、机遇与挑战,规划中国竞技体育中远期发展战略,制定并实施中国竞技体育可持续发展的启动方案。

二、中国竞技体育可持续发展战略重点的明确

中国竞技体育可持续发展战略目标的实现,是一个渐进的、阶段目标逐渐提高并逐渐逼近最终目标的过程。由于国家和社会资源能力有限,我们不可能在各个领域齐头并进,为此,中国竞技体育可持续发展必须选择以下战略重点。

(一)竞技体育人力资源建设

竞技体育人力资源主要包括体育系统内的运动员、教练员、体育管理人员、科研人员、裁判员、医务人员、教学人员、后勤服务人员、外事工作人员乃至体育产业经营人员、体育经纪人,等等。竞技体育可持续发展的中心是着眼于人的发展,这同时也就意味着竞技体育可持续发展的决定性要素也是人。竞技体育为满足社会审美等需求,必须提供高质量的表演服务,这有赖于竞技体育系统内多方人力资源的协调合作并最终将智慧的结晶凝集于运动员身上。就竞技体育的参赛系统而言,运动员的选材、训练计划的制定与实施、发展规划及目标的设计、比赛过程的控制等都需要竞技体育人力资源发挥重要作用。竞技体育系统保持与其他系统的协调发展也需要人为地进行规划与调控。

中国竞技体育人力资源建设的重点在于加强"四类人群""两个关系""一个市场"的工作。

"四类人群":加强运动员队伍建设;加强教练员队伍建设;加强科技人才队伍建设;加强体育产业经营管理人才队伍建设。

"两个关系":处理好人力资源"数量"与"质量"的关系;处理好人力资源的开发与利用的关系。

"一个市场":促进人力资源合理流动,加强人力资源市场建设。

(二)"四化"建设

1. 竞技体育社会化

竞技体育若实现可持续发展必须能够得到社会的永续支持,能利用自身优势融于社会的发展之中,形成社会参与竞技体育,竞技体育服务社会的良好局面。为此,在继续加强国家投入的同时,应努力拓宽和加大社会办体育的渠道和力度,发动全社会广泛参与和支持竞技体育,形成国家投入、社会资源合理配置、体育产业参与等多维支持竞技体育发展的良好局面。

2. 竞技体育产业化

发展竞技体育产业是竞技体育本质要求下的必然选择,走竞技体育产业化的道路,使竞技体育发展由过多依赖国家、政府包办向国家、社会及个人共办的方向转轨,从求助外力转向依靠体育本身的方向转变。为此,要加强体育赛事转播权进入市场的步伐,提高体育赛事电视转播权的整体开发效益；制定有利于竞技体育产业发展的政策等；积极提倡和鼓励群众从事体育消费；建立健全竞技体育市场的经营管理制度和各项法规；培养竞技体育市场经营管理专门人才。

3. 竞技体育科学化

竞技体育科学化是提高竞技体育水平，增强竞技体育竞争实力的不竭动力，也是支撑竞技体育可持续发展的支点。为此，要强化竞技体育科学研究，强化对先进科技成果的消化吸收和利用过程，提高体育队伍自身的科学文化素质，并依据科技兴体的总目标和不同时期所面临的各种具体实际，正确处理好科技兴体过程中的局部与全局、重点与一般、短期与长期、基础研究与应用研究、科技活动的提高与普及等诸多关系，并推动运动训练与体育科技的紧密结合，不断提高运动训练中的科技含量，加速运动训练科学化进程。

4. 竞技体育国际化

竞技体育国际化是竞技体育可持续发展的现实要求，必须真正参与到国际竞技体育"大家庭"中，这样才能实现国内竞技体育"小家庭"的发展。竞技体育发展过程中应坚持与世界先进方向保持一致，包括学习与借鉴先进的思想观念、管理方式与方法、训练手段等方面；必须坚持弘扬民族体育优秀文化，在继承、学习和借鉴的基础上，走创新之路，推动民族传统体育和现代体育共同提高。

第四节 我国竞技体育可持续发展的战略对策

一、树立可持续发展理念

实施竞技体育的可持续发展首先要求理念上树立起可持续发展的意识，因此，对于各级体育主管部门而言，必须首先要从观念上树立正确的竞技体育可持续发展观及资源观，明确适应社会主义市场经济的改革与发展是中国竞技体育可持续发展的必要选择，中国竞技体育的发展必须以满足社会的需求为根本出发点。

二、推动竞技体育发展从要素驱动向创新驱动转变

竞技体育的发展永远是不断向前的,在当今时代背景下,为推动竞技体育的发展,就必须要加强创新,实现发展动力由要素驱动向创新驱动转变。这一创新主要包括两个方面的内容:一方面是科技创新,利用高科技手段促进竞技体育的发展;另一方面是制度创新,制定合理的制度消除以往的体制性障碍,实现竞技体育资源配置效率。具体而言,为推动竞技体育由要素驱动向创新驱动转变要做到以下几点:

第一,当前我国竞技体育存在着科技创新驱动不足的问题,为解决这一问题,需要我们重新审视与剖析竞技体育的内涵、发展规律以及市场经济发展的特征及规律等,从而实现发展方式的转变。

第二,引进与创新训练理念,借鉴西方体育强国先进的训练手段和方法,不断提高运动训练的质量,不断提高运动员的竞技水平。

第三,充分利用人工智能、大数据、生物技术等现代科技,促进运动训练的智能化发展。

第四,加强体育运动训练的科研投入,建设一个"科、训、医、教"的一体化训练基地,为运动员训练提供良好的基础。

第五,加强体育体制的创新方面,加强竞技体育管理体制的改革,实现各方面体育资源的有效整合。

第六,调整与优化运动项目结构,优先发展那些具有核心竞争力的项目,如田径、游泳等,注重发展集体类项目,提高球类项目的职业化水平,推动竞技体育的全面均衡发展。

第七,建立一支高素质的训练管理团队,创新与完善训练组织形式,实现组织创新,进一步促进训练水平的提升。

第八,充分利用各种优势资源构建一个多学科、跨国、跨部门的体育科技协同创新平台,争取创造出具有世界影响力的科研成果,充分展示我国竞技体育发展的先进性。

三、构建举国体制与市场机制相结合的新体制

我国加入奥运大家庭的时间较短,在这样的现实背景下,为了尽快地缩小与西方体育强国之间的差距,我国制定与实施了举国体制,这一体育体制在很长一段时间内都发挥了极为重要的作用,我国竞技体育水平获得了突飞猛进的增长,尤其是在奥运会上,我国取得的成绩有目共睹。举国体制的核心在于坚持竞技体育的发展为社会主义政治服务、为党的基本路线服务和国家的中心工作服务,坚持公共财政对竞技体育的投入,政府在其中起主导作用,这一体制无疑是在那个时期是非常成功的。

需要注意的是,伴随着时代的发展和进步,这一举国体制已很难适应时代发展的要求,尤其是在当今市场经济高度发展的背景下,举国体制存在着明显的弊端,对我国竞技体育的发展产生了一定程度的制约和影响。因此,我们今后在不断完善举国体制的同时还要加强其与市场机制的结合,力争创新出一个有利于我国竞技体育进一步发展的新体制。

革新旧体制,创造新体制,我们可以从以下两方面进行:一方面,要采取各种手段和措施扩大竞技体育市场的规模,充分发挥市场经济的调控作用;另一方面,要充分利用市场机制的作用进一步提高公共资源的配置效率,合理利用各方面的资源。

总之,通过"举国体制"和"市场机制"的有机结合,既能有效发挥政府的宏观调控作用,又能利用市场经济杠杆的作用,从而形成竞技体育发展的强大的合力,推动竞技体育的进一步发展。

四、全面推进体育竞赛体制改革

伴随着竞技体育的高度发展,出现了越来越多的高水平体育赛事,这些体育赛事的举办对于竞技体育的发展具有极大的推动作用。体育竞赛可以说是竞技体育的核心要素,通过这些体育赛事的举办,竞技体育才能与社会需要相契合,才能获得不断的发展。在新的时代背景下,为进一步推动竞技体育的发展,加强体育竞赛体制的改革与创新是一个非常重要的途径和手段。

在竞技体育发展的今天,全面推进体育竞赛体制的改革需要着重从以下几个方面进行:

第一,各城市要积极申办各种类型的体育赛事,创建具有世界影响力的品牌赛事,如"一带一路"沿线精品体育赛事,这能进一步提升我国竞技体育的实力。

第二,加强现有体育赛事的分类改革,这主要集中于综合性运动会及单项体育赛事两个方面。前者主要以发挥竞赛的综合价值为主,要不断提升赛事举办方的组织与管理水平。后者主要以检验和提高运动员的竞技水平为目标,促进竞技体育人才运动水平的提升,构建一个完善的单项体育赛事体制。

第三,在职业联赛建设方面,要建立从草根到顶层的多层次、多结构、多区域联赛体系,以职业联赛带动其他运动项目的发展。

第四,建立与形成完善的联赛管理体制,协调处理好运动员及其各方面的关系,实现互相促进、共同发展的目标。

五、加强我国竞技体育与国际社会的协调发展

在当前全球一体化发展的背景下,竞技体育的内容也越来越丰富,呈现出多元化的发展态势。在这样的时代背景下,要想提升我国竞技体育的国际影响力,就需要以"体育强国"为目标,积极顺应"一带一路"倡议,加强我国体育与其他国家或地区的体育文化的交流与合作,走出一条国际化发展的道路。

通过一段时间的努力,我国的竞技体育获得了长足的发展,形成了自身一些优势项目,如乒乓球、羽毛球、跳水和举重等,这些项目的发展对于其他落后项目的发展具有一定的推动作用。在与其他国家交流的过程中,我们可以持有一定的责任心积极扶持落后国家和地区的发展,大力宣传与推广这些项目。当然我国也存在着不少的落后的或发展中的体育项目,如足球、网球等项目,这些体育项目在进行自身发展的同时还要积极汲取国外的先进经验,创新旧有的发展理念,引进先进的训练手段和方法,逐步提高这些项目的竞技水平。这样就有利于形成一个我国与国际社会协调发展的态势,这对于我国竞技体育的发展是十分有利的,有助于我国早日实现"体育强国"的梦想。

第五章 我国竞技体育后备人才培养的可持续发展

竞技体育后备人才是我国发展竞技体育事业的第一资源。竞技体育后备人才的数量与质量在很大程度上决定了我国竞技体育的竞争力。因此，我国在竞技体育后备人才选拔与培养方面要严格把关，努力提高人才培养质量，从而促进竞技体育的可持续发展。本章主要对竞技体育后备人才培养的可持续发展进行研究，内容包括竞技体育后备人才培养理论、竞技体育后备人才文化素质培养、竞技体育后备人才竞技能力培养与训练以及我国竞技体育后备人才培养的可持续发展对策。

第一节　竞技体育后备人才培养理论

一、竞技体育后备人才培养的指导思想

我国竞技体育后备人才培养的指导思想主要是以人为本、体教结合和可持续发展。

（一）以人为本

培养竞技体育后备人才，必须树立以人为本的观念，以"以人为本"为根本出发点和落脚点，同时要树立新型的发展观，即竞技体育的发展离不开众人的参与，竞技体育的发展成果是可以由多数人享有的。

（二）体教结合

在竞技体育后备人才培育中，要将体育与教育结合起来，打破传统人才培养观中将二者分离的局面。树立体教结合的指导思想，应做到以下几点。

（1）将竞技体育与体育教学相结合，培养社会需要的体育人才是体育教育的主要目的之一。

（2）将竞技能力培养和文化教育相结合，培养全面型竞技体育人才，满足社会发展需求。

（三）可持续发展

培养竞技体育后备人才要走可持续发展之路。体教结合不但有利于全面提高竞技体育后备人才的文化水平与综合素质，而且有利于提高竞技体育后备人才的竞技能力与比赛成绩，这为竞技体育后备人才的可

第五章 我国竞技体育后备人才培养的可持续发展

持续发展奠定了坚实的基础。

二、竞技体育后备人才培养的原则

竞技体育后备人才培养的基本原则主要包括以下几项。

（一）科学性原则

严格按照科学发展观的要求构建人才培养体系，开展各个环节的工作。以人为本是人才培养的根本出发点与立足点，将此作为竞技体育后备人才培养的指导思想，走可持续发展的培养之路。

竞技体育后备人才的培养是在实践训练中实现的，在训练过程中要向相关体育科研机构、专业教练员以及运动员提供优良的训练环境与科研条件，改变落后训练方式，使竞技运动训练向科学方向发展，从而培养出符合社会需求以及能够为我国竞技体育事业作出贡献的优秀运动员人才。

（二）协同性原则

在竞技体育后备人才培养中贯彻协同性原则，要求做到以下两点。

第一，将竞技体育后备人才培养体系的各个环节与各个系统有机结合起来，各系统机构制定统一的培养目标，充分发挥各自的功能，努力实现共同的效益与目的，并将教育训练系统与体育竞赛系统的内外部关系处理好。

第二，招收体育特长生时，要适当扩大招生范围，学校要鼓励运动队多参与一些专业竞赛，并多与专业体育俱乐部合作，使后备人才在不同形式的竞赛中提高实战能力，丰富实战经验，提高运动成绩。

（三）多元化原则

竞技体育后备人才培养的多元化原则主要表现为培养模式多元化、训练方式多元化以及资金筹备多元化。

1. 模式多元化

在模式方面,包括体育系统专业队靠在学校,在专业队训练,在学校进行学习的模式;学校、专业队一体化的模式;体育学院兴办竞技体校的模式;高校举办高水平运动队的模式;传统体育中小学校的模式;体育试点学校多模式共存的模式。这些模式各有各的优势,它们相互取长补短,从而提高人才培养质量的提升。

2. 训练多元化

不同竞技体育后备人才之间在身体素质水平、运动基础、训练水平、技战术能力等方面存在或多或少的差异,面对具有不同个性的后备人才,要坚持因材施训,采取具有针对性和个性化的训练手段,同时注意训练途径的多元化,以提高训练效果。

3. 资金筹集多元化

竞技体育后备人才的培养需要资金保障,培养体育人才的资金主要来源于国家财政投入。除此之外,社会各界的支持也是必不可少的,社会各界发挥自身资源优势,提供资金支持,有助于大大提高体育人才培养的效果。

第二节 竞技体育后备人才文化素质培养

一、文化教育对竞技体育后备人才竞技能力发展的影响

(一)文化教育和竞技体育后备人才的技术、战术能力

培养竞技体育后备人才的核心技能素养,也就是技术能力与战术能力,对后备人才的智力水平、文化知识水平提出了一定的要求。文化知识丰富、逻辑思维能力强的青少年在技战术学习与训练中更占优势,他

们能够对专项技战术有更准确的认识与深入的理解,并按科学规律和方法去掌握技战术,进而在比赛中对各项技战术加以灵活有效的应用,以达到相应的目的,取得良好的比赛成绩。

(二)文化教育和竞技体育后备人才的心理素质

竞技体育后备人才掌握丰富的科学文化知识和专业的运动知识,能够在运动心理训练和心理素质培养中有更好的表现,有助于提高心理训练效果,塑造良好的心理素质。竞技体育后备人才心理素质的提升当然也离不开丰富的实践,青少年边学习文化知识,边实践,积累理论知识与实践经验,使心理素质的发展得到双重保障。

当前,竞技体育比赛的竞争越来越激烈,攻守转换越来越频繁,竞技体育后备人才在激烈的比赛中,基于充足的知识储备和丰富的实践经验,表现出较强的心理素质,能够理性分析赛事,洞察细节,并迅速决策和采取行动,整个过程中表现得较为从容、灵活。这样也能给对手带来心理上的压力,从气势上压倒对方。

二、竞技体育后备人才文化学习能力的培养

(一)转变学习态度

对青少年体育后备人才来说,第一身份是学生,运动员是一个职业身份,学生是作为受教育者的一个角色,学习是学生的权利和义务。青少年竞技体育后备人才有运动天赋,有从事竞技体育的兴趣,立志成为优秀的运动员,这是值得肯定和鼓励的,有关部门要积极培养这类人才。青少年虽然平时参加运动训练、比赛会占用一定时间,但还是要以学习为主,不能只想着训练和比赛,而对文化课置之不理。青少年必须转变重训练、轻文化学习的态度,认清自己的学生身份,接受文化教育,学习文化知识,这有助于提升学生的文化素养,为参与训练和比赛打好基础,也有利于将来有更多的就业选择和机会。

（二）培养学习兴趣和习惯

竞技体育后备人才对所从事项目的兴趣是毋庸置疑的,因为有兴趣,所以有参与动机和热情,这是他们主动参与运动训练的主要原因之一。对比而言,文化课并没有像体育运动那样吸引学生的注意力,学生因为对文化课程不感兴趣而没有形成主动学习的意识和行为习惯,这不利于学生文化知识水平的提高,也会对其运动技能的发展与比赛表现造成制约。因此,在竞技体育后备人才文化教育中,必须注重对青少年文化课程学习兴趣的培养,增强他们的主动学习意识和自主学习能力,使其养成像参与运动训练那样学习文化知识的积极主动的好习惯。

（三）制定恰当的学习目标

要对青少年竞技体育后备人才的学习兴趣进行培养,激发其学习热情,就要为他们制定经过努力后可以实现的学习目标。青少年后备人才的文化学习目标应具有个性化、针对性,要从青少年的文化基础、学习能力出发制定符合他们个性特征的学习目标,目标以短期目标为主,使学生经过努力学习后能够看到实实在在的学习成果,这样也有利于激发他们持久学习的动力,使其一步步朝着长远目标努力,在坚持不懈的学习中获得丰富的文化知识,提高文化素养,并培养他们将文化知识运用于实践中的能力。

（四）合理选择教学内容

竞技体育后备人才既要学习,又要训练和参赛,他们在文化学习中很难百分百投入其中,最终导致其文化基础落后于普通学生。对此,面向竞技体育后备人才的文化教育应该与面向普通学生的文化教育有所区别,尤其是在教学内容上要有区别,教学内容一般都是按教学大纲来安排,但是面向不同文化基础的学生要有选择地安排不同的教学内容,也就是说学生运动员和普通学生的学习内容可以不同步,而且在教学中教师可以适当降低难度和要求,使青少年运动员乐于接受教学内容,循序渐进地提高学习效果,而不会因为学习内容太难而产生排斥心理。

(五)选择适合的学习方法

随着现代教育的不断发展,学习方法体系越来越完善,各种学习方法层出不穷,为学生学习提供了更多选择的空间。无论哪种学习方法,都有自己的独特性,既有优点,也有不足,所以不能片面地评价一种教学方法是优是劣,也不能简单说什么是最好的学习方法,但可以说什么是现阶段最适合某个学生的学习方法。青少年竞技体育后备人才在文化学习中,面对众多学习方法,难免会不知所措,尤其是文化基础较差的青少年运动员,他们不知道该如何学,从哪开始学,因此,教师必须重点加强对这部分学生的引导,根据学生的实际情况帮助他们选择最合适的学习方法。只有选对了学习方法,才能获得理想的学习效果,否则只能是事倍功半,严重打击学生学习的积极性。总之,寻找合适的学习方法对学生,尤其是青少年运动员而言至关重要。这也是在竞技体育后备人才文化教育和文化学习能力培养中需要文化课教师关注的一个重点。

第三节 竞技体育后备人才竞技能力培养与训练

竞技能力是竞技运动本质的具体体现,是竞技运动制胜规律的基本构件,是运动专项特征的核心内容。运动员竞技能力是指运动员在训练中的承受能力和在比赛中的表现能力(运动成绩)。运动员竞技能力是运动员体能、技术能力、战术能力、心理能力、运动智能的有机综合,竞技体育后备人才竞技能力的培养应该从这几个组成要素入手。

一、体能培养与训练

（一）力量素质训练

1. 上臂肌群力量训练

（1）单臂屈伸

坐立于长凳上,双脚置于地面,双脚间距略宽于肩,一手低手直臂抓握杠铃片(或哑铃),肘部靠近大腿内侧,另一臂伸直撑于长凳上；吸气并屈臂举杠铃片(或哑铃),完成动作时呼气,反复练习。

练习时上体稍稍向前倾斜,手臂的屈伸幅度要大。

（2）拉力器臂屈伸

双脚自然分开站立在拉力器前1米处,面向拉力器。双脚间距与肩同宽,两脚尖略向外,呈八字形。抬头,直背,目视前方。反手握住拉力器手柄,反复屈臂,连续快速提拉手柄。

练习时始终伸直身体,提拉手柄时,尽可能地将手柄拉至胸前。

（2）杠铃臂屈伸

背部挺直,双脚、双手分开,略宽于肩,两手反手握杠,屈臂举杠铃直至胸前,后恢复到初始姿势,不断练习。

练习时身体始终保持正直,吸气紧腰。

（4）坐姿臂屈伸

坐在训练机上,双脚自然放置于地面,略宽于肩,同时,双臂伸直,双手反手握住杠铃,两肘部抵在托垫的边缘。吸气用力,屈臂牵拉杠铃至额前,后恢复到初始姿势,不断练习。

练习时禁止手腕弯曲,注意臂部用力,训练者可以根据自身的情况,适当增加杠铃重量以增加难度。

（5）仰卧臂屈伸

仰卧在长凳上,双脚放于地面,间距略宽于肩,同时,双臂伸直,正手抓住杠铃后屈肘,以肩为圆心、手臂为半径,沿半圆形轨迹缓慢下降,使杠铃缓缓下落于头部后侧,并尽量向远处延伸,后缓慢恢复至初始姿势,不断练习。

练习过程中时刻保持身体的平衡、稳定,双手、双臂同时发力,切忌向两侧晃动。

2. 肩部肌群力量训练

(1)颈后推举

坐在长凳上,双脚自然放置在地面,比肩略宽,同时抬头、伸直背部、双臂伸直,两手正手握住杠铃,并缓慢将杠铃举至头顶,之后两前臂向后弯曲至颈后。随后,缓慢恢复至初始姿势,不断练习。

练习过程中始终伸直后背,禁止弓背。

(2)站姿单臂侧拉

身体侧对训练机,站立于距离训练机 1.5 米处,双腿分开,距离比肩略宽,右手紧紧握住拉力器的手柄,缓慢用力下拉手柄至体侧,后缓慢上举右臂呈侧举状态,再用力下拉至体侧,反复练习。

练习过程中保持背部伸直,伸臂过程中保持上臂伸直。

(3)体前屈杠铃片侧举

双脚分开站立,两脚之间的间距略宽于肩,两膝盖微微弯曲,同时弯腰,保持上身与地面平行,双手持杠铃片(或者哑铃)自然下垂,与地面成直角,双臂伸直。双臂用力将杠铃片(或者哑铃)平举至与地面平行,待动作完成后,呼气并缓慢恢复到双臂自然下垂的状态,不断重复练习。

练习过程中上体保持向前倾斜,始终挺直背部。

(4)握杠铃片前举

双脚分开站立,两脚之间的间距略宽于肩,双臂伸直放于腹前,双手重叠握住杠铃片(或哑铃)放置在大腿的前部,掌心向内。之后将杠铃片(或哑铃)前举至与地面平行,再缓慢恢复至初始姿势,不断练习。

练习过程中抬头,挺直背部,同时挺胸收腹,前举杠铃片(或哑铃)时,动作要缓慢,注意均匀用力,保持动作的连贯性。

(5)体前屈侧拉

双脚分开,侧立于拉力器前方约 1.5 米处,双膝微微弯曲,上体保持前倾,同时臀部下垂。单臂伸直,单手握住拉力器的手柄,侧拉拉力器直至胸前下方,随后缓慢恢复至初始姿势,不断地反复练习。

练习过程中双膝要保持微微弯曲,同时背部伸直,双手可采取交换练习。

3.腿部肌群力量训练

（1）下蹲起立

身体正直,双脚分开站立,与肩同宽,双臂伸直放于体侧,两手各持一个杠铃片（或哑铃）。吸气用力,轻度挺胸收腹,缓慢下蹲直至大腿与地面保持平行,随后缓慢恢复至初始姿势,待动作完成后呼气,略微放松,不断进行练习。

练习过程中身体保持平衡,不要向左右方倾斜,始终抬头,目视前方。

（2）负重深蹲

双脚自然分开,略宽于肩,肩负杠铃站立。双手握住杠铃,两手之间的距离宽于肩膀。身体缓慢下蹲,直至臀部接近脚后跟,维持此动作3秒后缓慢恢复至初始姿势,动作完成后呼气,反复练习。

练习过程中脚尖始终朝外,下蹲时注意保持身体的平衡。

（3）仰卧小腿屈伸

仰卧在训练机的凳面上,双腿微微分开,与肩同宽,小腿发力向上踢出,待膝盖伸直后,缓缓下落,恢复至初始姿势,不断进行练习。

练习过程中臀部紧紧贴在坐垫上,双臂可自然放置于身体两侧或交叉放于胸前。

（4）拉力器直腿内收

单腿站立,侧站于拉力器前1.5米处,将拉力器系在一条腿的脚踝处,另一条腿支撑在地面上,另一侧的手抓住训练机的扶手,起到支撑身体的作用。与拉力器相连的腿伸直用力,不断内收,向支撑腿靠近。

练习过程中始终保持抬头、直背,臀部不可后撅。

4.腹部肌群力量训练

（1）斜板仰卧起坐

仰卧于斜板上,双脚紧紧钩住斜板上的套带（或固定物）上,双手抱头,腹部用力,缓慢上抬上体,直至身体与大腿垂直,随后还原至初始姿势,不断进行练习。

练习过程中身体正直,时刻保持身体的平衡。

（2）跪立收腹下拉

双膝跪地,身体正直,抬头,双臂伸直,双手握住拉杆,举于头顶的

第五章　我国竞技体育后备人才培养的可持续发展

正上方。腹部用力,保持双臂伸直,弯腰向下将拉杆拉动至所能到达的最低位置,动作进行时呼气。随后还原至初始姿势,重复练习。

练习过程中下拉时靠腹部发力,手臂尽量不要用力。

（3）悬垂屈膝举腿

双臂悬垂于器械上,伸直,双手正握杠,与此同时,双腿并拢伸直。屈膝上举双腿,直到膝盖贴于胸部,后维持此动作2秒钟,再缓慢恢复至初始姿势,反复练习。

练习过程中举腿时仅靠腹部发力,双臂不发力。

(二)速度素质训练

1.反应速度训练

（1）起跑接后蹬跑

采用蹲踞式起跑的方式作为准备姿势,当听到开始的口令后,要迅速起跑接着做后蹬跑20米,练习2～3组,每组练习2～3次。练习时,起跑要迅速,并采用正确的后蹬跑技术。

（2）倒退跑接疾跑

当听口令后,开始做倒退跑5～10米,再次听到口令后急停并向前疾跑10米,练习2～3组,每组练习2～3次。练习时,倒退跑的过程中,身体不能后仰,疾跑阶段可以采用计时的方式进行。

2.动作速度训练

（1）跨步跳

进行跨步跳时,跳起的高度不能过高,要保持摆动腿平行于地面,跨步跳的步长也应比正常跑进的步长要大,双脚交替起跳和落地。其目的是增加步长,提高踝关节的紧张程度,并使髋伸屈的爆发力和速度提高。在进行练习时,要保证小腿在脚落地的过程中不能前伸,采用主动扒地方式快速落地。

（2）直膝跳深

首先要准备20～30厘米的低跳箱8～10个,并依次横向排列。在练习的过程中,练习者直膝从跳箱上跳下,再迅速跳上下一个纸箱,在跳上纸箱的过程中要保持直膝。其目的是提高踝关节的紧张程度,以及踝关节的动作速度,同时提高踝关节的反应力量。在练习直膝跳深的过程中,要尽量使脚与地面的接触时间缩短,利用踝关节快速完成动作。

(3)连续蛙跳

采用与立定跳远相同的起跳与腾空动作,双脚起跳和落地,并重复进行。其目的是增强下肢的爆发力,提高下肢的动作速度。

3. 移动速度训练

(1)直腿跑

脚尖翘起,膝关节伸直跑进。其目的是:增强髋部肌群的力量,提高踝关节肌群的弹性力量,提高动作速度。在练习的过程中,要利用髋部肌群将身体用力向前"拉"动,还要尽可能快地用前脚掌接触地面,缩短接触时间。

(2)原地摆臂

双脚并拢站立,以短跑动作前后摆臂,肘关节弯曲约90°,双手放松。前摆手摆到约肩部高度,后摆手摆到臀部之后。其目的是学习正确的上体姿势,提高摆臂的动作速度。

(3)上坡跑

在坡道上向上跑。其目的是提高跑进时的爆发力和速度力量,使步长增大,提高动作速度。在练习的过程中,要采用3°的坡度来发展最大速度,可以适当增加坡度来发展加速能力。

(三)耐力素质训练

1. 有氧耐力训练

(1)定时跑

在场地、公路或树林中定时跑,如时间为10～20分钟或更长。

(2)定时定距跑

在场地或公路上进行定时定距跑,如在14～20分钟内跑3600～4600米的距离。

(3)重复跑

在跑道上练习,制定重复跑的距离、次数与强度时,要以专项任务与要求为依据。不要在大强度下做此练习,保持较长的跑距。一般重复跑距为 600 米、800 米、1000 米、1200 米等。

2. 无氧耐力训练

(1) 计时跑

进行短距离的重复计时跑或长距离的计时跑。具体应根据练习者水平及跑距而定,训练强度应结合跑的距离适当调整。重复 4~8 次,组间间歇 3~5 分钟。训练强度控制在 70%~90%。

(2) 短段落间歇跑

以较短的段落进行间歇跑练习,该训练可发展练习者的非乳酸供能无氧耐力。可采用 30~60 米距离,95% 以上的大强度练习,间歇时间 1 分钟左右,持续时间 10 秒左右。训练中保持高强度,较多的重复次数,组数根据练习者的具体情况而定。

(3) 长段落间歇跑

以较长的段落进行间歇跑练习,该训练可发展练习者的非乳酸供能无氧耐力。采用 100~150 米距离,间歇时间 2 分钟以上。采用 95% 以上的大强度练习,持续时间在 10 秒以上。训练中保持较高的训练强度,重复组数和次数根据练习者的具体情况而定。

3. 混合耐力训练

(1) 反复跑

每组反复跑 150 米、250 米、500 米之间距离 4~5 次。每组练习之间休息约 20 分钟。要求以预定的时间跑完全程。也可以采用专项的 3/4 距离进行练习。要求练习者在训练时采用 80% 以上的强度。

(2) 间歇快跑

以接近 100% 强度跑完 100 米后,接着慢跑 1 分钟,间歇练习。快慢方式对照组成一组。反复训练 10~30 组。要求根据练习者实际情况增减和调整训练负荷。训练中要求尽全力完成训练。

(3) 短距离重复跑

采用 300~600 米距离,每次练习强度为 80%~90%,进行反复跑。练习者在训练时,要注意速度分配的准确性,可以采用全程或半程的速度分配计划。

（4）持续接力

以 100～200 米的全力跑,每组 4～5 人轮流接力。要求练习者在训练时注意安全和练习过程中的协调配合。也可以将所有练习者分成若干组进行训练比赛。

（四）柔韧素质训练

1. 各部位拉伸练习

拉伸练习是柔韧性训练的主要方式之一,通过牵拉肌肉,不仅能改善肌肉的弹性和灵敏性,还能使运动感受器更加敏感,促进运动感知觉能力的提升,进而促进应激能力的改善。

（1）颈部拉伸

①在椅子上坐好,背挺直,后脑勺、耳朵、肩膀位于一条垂直线上。

②一只手臂向斜前方伸展抓住另一侧椅子前端。

③头轻轻地向左侧倾斜,还原并向右侧倾斜。

④持续练习 1 分钟。

⑤另一只手臂向斜前方伸展抓住椅子另一侧的前端,并按上述方法练习 1 分钟。

两侧交替练习。

（2）肩部拉伸

①侧对门框,两脚开立。

②伸展右臂,与腰齐高。

③右前臂转动至手指将门框边缘抓住。

④向左转体,持续拉伸 1 分钟。

⑤慢慢还原、放松。

身体左侧侧对门框,伸展左臂,按上述方法练习。

两侧交替练习。

（3）背部拉伸

上背部拉伸：

①在椅子上坐好,身体放松。

②一只手臂经体前搭在另一侧肩上,另一侧手臂体前屈拉搭肩手臂的肘部,持续拉伸 1 分钟。

③换另一只手臂搭在另一侧肩膀上,按上述方法练习,同样持续拉伸1分组。

后背中部拉伸:

①坐在垫子上,上体挺直,一腿贴地伸直,一腿屈膝交叉在伸直腿外侧。

②与伸直腿同侧手臂的肘放在屈膝腿膝盖上,另一侧手伸展支撑于地面。

③放在屈膝腿膝盖处的肘用力推屈膝腿,使上肢与屈膝腿分开一定距离,上体顺势向一侧扭转,持续拉伸1分钟。

④另一条腿屈膝,向另一侧扭转拉伸,方法同上。

下背部拉伸:

①在垫子上仰卧,头在枕头上。

②两腿向同一侧屈膝上抬靠近胸部,直至大小腿垂直。

③肩膀始终在地面上固定不动,保持拉伸姿势1分钟。

④两腿伸展放松,再次屈膝向另一侧拉伸。

以上练习两侧交替进行。

(4)大腿拉伸

大腿前侧拉伸:

①两脚开立,一侧腿屈膝下跪,保持膝关节弯曲90°,另一侧腿屈膝至大腿平行地面,保持骨盆与髋处于平直状态。

②身体下压,前腿膝关节角度不变,髋关节异侧腿有明显的拉伸感。

③持续拉伸1分钟

④下跪腿屈膝,大腿平行地面,另一侧腿屈膝跪地,膝关节弯曲约90°,然后按同样的方法练习。

大腿后侧拉伸:

①在垫子上仰卧,将枕头垫在头下,整个身体面向一道门。

②臀部完全在地上。

③一条腿举起放在墙上,充分拉伸,但不必一定要伸直,伸展到最大限度即可。

④另一腿伸向门柱,若有不适感,可将一个枕头或其他软物垫在膝关节下。

⑤持续拉伸1分钟。

⑥伸向门柱的腿蹬墙,蹬墙腿伸向门柱,继续按上述方法练习。

大腿中部拉伸：

①背对着墙坐在垫子上，两脚外侧着地，脚底并在一起，双膝向下压，但不要勉强，使腹股沟部位有明显的拉伸感。

②背部保持挺直状态，不要塌腰。

③持续拉伸 1 分钟，然后放松 1 分钟。

大腿侧面拉伸：

①在垫子上仰卧，将枕头垫在头下。

②分开两腿，臀、盆骨完全着地。

③一条腿屈膝抬起，膝关节向腹部靠近，脚落在另一侧腿膝关节上方。

④抬起腿向另一侧移动直至与身体基本垂直，臀部不离地。

⑤屈膝腿异侧手放在屈膝腿膝盖处轻轻拉伸，注意不能用蛮力强迫拉伸。

⑥持续 1 分钟秒，换另一侧腿按上述方法继续练习。

以上练习两腿交替重复练习。

（5）小腿拉伸

小腿前侧拉伸：

①在椅子上坐好，一腿屈膝抬起放在支撑腿大腿上，脚踝位于支撑腿的膝盖外缘。

②支撑腿同侧手将屈膝腿脚尖外侧抓住，向同侧拉，使小腿有明显的拉伸感。

③持续拉伸 1 分钟。

④屈膝腿落地成为支撑腿，之前的支撑腿屈膝抬起放在另一侧腿的大腿上，按上述同样的方法进行练习，同样持续拉伸 1 分钟。

小腿后侧拉伸：

①在椅子上坐好，两脚分开。

②将 8～12 厘米厚的书放在脚的正前方。

③左脚的脚掌踏在书上。

④轻微拉伸小腿部位。

⑤持续 1 分钟。

⑥左脚落地，右脚脚掌放在书上，脚跟着地，轻微拉伸右腿小腿部位。

第五章　我国竞技体育后备人才培养的可持续发展

以上练习两侧交替进行。

（6）臀部拉伸

①在垫子上仰卧，整个身体面向墙，将枕头垫在头下。

②两脚分开，右侧腿抬起置于墙上，并屈膝至大小腿垂直。左侧腿举起放在右腿上，膝、踝关节超过右侧腿的膝盖。

③髋和骨盆始终在地上。体会臀部左侧的拉伸感。

④持续1分钟。

⑤抬起放在墙上，右腿举起放在左腿上，按上述方法重复练习。

两腿交替练习。

2. 各关节柔韧练习

（1）腕关节

①向内旋腕。

站立，双手合掌，手臂伸直。呼气，手腕内旋，双手分离。

②跪撑侧压腕。

跪姿撑地，手指指向体侧。呼气，重心缓慢向前后方向移动。

（2）肩关节

①助力顶肩。

跪姿，双臂上举，双手交叉于身后的辅助者颈后。辅助者手扶在髋部触碰对方肩胛部位，后仰，用髋部向前上顶，保持片刻。

②背向拉肩。

背对墙而立，双臂向后伸展扶墙。呼气，屈膝，重心下移，手臂和上体充分伸展，保持片刻。

（3）髋关节

①身体扭转侧屈。

站姿，左腿伸展、内收，在右腿前交叉。呼气，上体右侧屈，双手尽力触碰左脚跟，保持片刻。

②仰卧髋臀拉伸。

仰卧，外侧腿从台子上向下移到悬垂空中。吸气，内侧腿屈膝，双手抱膝缓慢拉向胸部，保持片刻。

（4）踝关节

①跪撑后坐。

跪姿，双手撑地，双脚并拢，脚掌在地面支撑。呼气，臀部向后下方移,保持片刻。

②踝关节向内拉伸。

坐姿,一侧腿屈膝,放在另一侧腿大腿上,同侧手抓屈膝腿的踝关节上部,异侧手抓住屈膝腿的脚外侧。呼气,将踝关节外侧向内拉引,保持片刻。

(五)灵敏素质训练

1. 灵敏步伐训练

(1)快速提踵练习。在10~20秒内用最快速度完成。
(2)两脚交替高频率踏跳。在10~20秒内用最快速度完成。
(3)半蹲,以最快速度向两侧并步移动。也可以在短距离内变换方向。
(4)高频率前、后分腿跳和左、右分腿跳。

2. 髋部灵敏练习

(1)高抬腿交叉转髋练习
高抬腿,抬至体前最高点后迅速向左或向右转髋,带动身体左右转动,反复练习。
(2)快速转体练习
以左脚为轴,右脚向前、向后做蹬步转体练习。
(3)小密步垫步前后蹬转练习
右脚向前移动半步,左脚紧跟其后迅速垫一小步并向右脚,此时以左脚为轴心,右脚向后蹬地转体,左脚退回小半步,右脚再向前移动半步(重复第二次),反复进行。

3. 综合练习

(1)听信号完成指令动作
坐在原地或者半蹲在原地,当听到信号以后,迅速起身跑到指定位置。
(2)移动中跨越障碍训练
用小的体操垫做障碍,利用前滑步或者左右滑步躲闪过小体操垫,向前加速绕行前进。

（3）两人追逐训练

两人一组，一组先跑，另一组追逐，追逐前，两人保持 5 米左右的距离，等到追上以后，交换练习。

（4）两人触摸训练

两人一组，在规定范围内，用手来触摸对方的肩部，另外一个人利用自己的步法快速进行移动躲闪。

（5）跳绳训练

双人摇绳进行跳绳训练，随着练习的进行，两人摇绳的速度要不断加快。

二、技术能力培养与训练

"技术能力"指运动员按照一定的技术要求完成动作的能力。如果运动员拥有高水平的技术能力，其运动技巧自然就会形成。也就是说，运动员熟练掌握技术动作之后，就能够形成稳固的动力定型，从而可以自如地运用技术动作。运动员形成运动技巧后，其技术动作就会表现出动作连贯、流畅，有意识地支配肌肉活动的成分减少等特征。运动员在动作完成的效果上集中注意力，完成动作的特殊感觉就会因此而形成，这一感觉会使运动员有意识地对动作进行调节和控制，提高动作的稳定性，保障动作的合理性与有效性，从而使动作表现轻松自如、协调流畅、优美自然。下面具体分析竞技体育后备人才技术能力的培养与训练。

（一）技术能力培养训练的基础～～协调能力训练

在体育运动中，人体各部分在时空层面上相互配合，从而将各个动作合理有序地加以完成的能力就是所谓的协调能力。在技术训练和实战比赛中，运动员技术动作的完成质量受自身身体协调能力的影响很大，因此在技术能力培养中要先抓好协调能力的训练工作。

1. 协调能力的训练要求

（1）对完整动作所提出的要求要复杂一些，对习惯动作提出的要求要严格一些，可以将重点放在局部特征上。

（2）要求习惯动作应在不习惯动作的配合下完成。

（3）对于已经形成的动作习惯,要制造外界干扰而迫使改变,从而在各种不利干扰下尽力保持动作的协调。

2. 协调能力训练手段

（1）对着镜子练习或专门做习惯动作的反方向练习。

（2）做各种不习惯的身体动作。

（3）对习惯动作的空间范围予以调整。

（4）对习惯动作的节奏、速度、力度进行调整,反复练习。

（5）将自己不习惯的动作组合起来进行练习,提高练习的难度。

（6）在习惯动作练习中根据信号进行变换练习。

（7）将徒手练习和器械练习结合起来,利用器械提高练习的复杂度和难度。

（8）复杂动作练习可采用游戏、比赛的方式完成。

3. 协调能力训练的注意事项

（1）从后备人才的年龄特征出发设计符合其发育特征的练习方法。

（2）在练习中提示自己放松,避免肌肉过于紧张。

（3）在协调训练中对空间感知能力进行培养。

（4）在协调性训练中努力保持身体重心的平衡,协调与平衡是密不可分的。

(二)技术能力训练的实施

实质而言,技术训练的过程就是对技术信息进行传递的过程。信息的输出者是教练员,其在技术训练过程中主要发挥的作用是传递和调控；信息的输入者是后备人才,其是信息的接受者。然而,技术训练的主体始终都是后备人才,如果只有教练员的指导而无后备人才的努力,有效的信息传递不可能顺利实现。同时,教练员对信息不断接收、采集和反馈,这样才能保障技术信息传递的通畅性,才能促进技术训练效果的提高。技术训练实施过程的主要工作有以下几方面。

1. 熟悉信息源

在技术训练实施之前,后备人才必须对技术动作进行深入的研究与分析,对信息源加以了解与熟悉,对技术要领进行明确,将技术的关键、难点和重点确定下来。在技术训练过程中,教练员也要以后备人才的实际情况为根据,不断地和及时地发现问题,并提出解决问题的具体办法。

2. 建立动作表象

技术训练正式实施的第一步就是对正确的动作表象进行建立。后备人才动作表象的建立不仅要依赖教练员的讲解与示范,要观察其他优秀后备人才的技术表演或录像等,还要靠自身的感觉来对技术动作要领进行体会,对自己的肌肉活动进行控制与调整,使身体运动与技术规格要求相符。所以,在技术训练中,教练员一方面要用讲解、示范等方法将技术信息传输给后备人才;另一方面还要对后备人才进行及时的提醒与科学的引导,使其对身体的内部信息进行感知与运用,这样才能帮助后备人才快速建立的正确运动表象。

3. 反复练习

后备人才对技术动作加以掌握的一个基本途径就是反复练习。动作技术表现为后备人才操纵自己的身体去完成某一动作,这就决定了训练方法的性质,即只有后备人才对技术动作进行反复练习,才能对技术动作加以掌握。然而,后备人才参与技术训练,完成身体运动,并不是简单地像机械一样重复运动,而是积极主动地投入其中,发挥自身的主观能动性,这样才能保障良好训练效果的实现。所以,后备人才在练习中和练习后都要开动脑筋,积极思维、主动体验、想象与回忆技术动作,通过脑体结合来熟练地对运动技术动作加以掌握。

三、战术能力培养与训练

运动员在战术运用方面所表现出来的综合能力就是所谓的战术能力。战术训练应当以比赛的具体要求和具体项目技战术发展趋势为依据来进行。战术训练的实施,就是对运动员进行合理组织,将其体能和技术特长充分发挥出来,将主动性最大限度地调动起来,促进队员之间协调配合能力的不断强化,使运动员能在比赛战术中对协调配合方法进行灵活运用。竞技体育后备人才的战术能力主要可以通过以下几种方法来进行训练。

(一)增加难度训练

增加难度训练就是使后备人才在复杂与困难的环境下训练,这个环境一定要比竞赛环境与条件更为复杂,更为艰难。增加训练条件的复杂度与难度,主要是为了使后备人才可以对高强度对抗和紧张激烈的比赛氛围快速加以适应,可以在比赛过程中面对场上不断变化的形势灵活运用技战术,从而获得良好的比赛成绩。增加难度训练的方法能够有效提高后备人才战术运用能力。

(二)降低难度训练

降低难度训练的方法主要有减少对抗因素和强度,简化条件和要求,降低技术动作难度,甚至是进行战术分解练习等。这一训练法适合在战术训练初期采用。等后备人才在训练初期对战术形式基本掌握后,就要通过增加训练难度和要求来继续训练了。

(三)战术模拟训练

按照比赛条件、对手实力、对方技战术水平以及战术风格等具体情况开展战术模拟训练,可以使后备人才对战术的运用更具有针对性。例如,在比赛开始前对对手的各方面情况进行充分了解,按照对方特点和本方实际能力对战术方案和作战计划进行有针对性的制定,并模拟对手实施模拟训练。

(四)实战模拟训练

实战模拟训练就是通过组织教学比赛、邀请赛等进行实战训练,通过实战演练来对后备人才的战术配合能力进行检验。这一训练方法能

第五章　我国竞技体育后备人才培养的可持续发展

够使后备人才对战术意图有更加深刻的理解,对战术技能的掌握更加熟练,从而更合理、更有效地运用具体战术。

总的来说,后备人才战术能力的训练方法有很多,这些方法既可以单一使用,也可以综合运用,无论在训练过程中采用哪种方法,都必须注意战术的实用性。

四、运动心理能力培养与训练

运动心理是指运动员的大脑对运动训练、运动比赛的客观世界的主观反应,这种反应主要通过感知觉、记忆与表象、思维与想象、意志与情感等表现出来。通过运动心理训练能够提高运动员的心理活动水平、心理活动强度,帮助运动员消除心理障碍。

运动心理能力的训练内容包括心理过程和心理个性两个方面。心理过程非常复杂,包括感知、表象、思维、注意、情感、意志、兴趣等多个要素,这些要素缺一不可。竞技体育后备人才参与运动训练与竞技比赛,还需要具备良好的个性心理,因此要重视对后备人才能力、性格、气质等的培养。

以下是竞技体育后备人才运动心理能力的培养与训练方法。

(一)动机激发法

运动员在训练和比赛中的良好表现离不开正确动机的内在驱动。在运动训练和比赛前可以采用动机激发的方法调节心理,树立顽强拼搏、为国争光、集体荣誉、勇者必胜等正确观念,将注意力高度指向正确的方向和理想目标上。此外,运动员要正确对待成败,在训练和比赛中要拼尽全力,不管结果如何,都要不留遗憾。

(二)表象训练法

表象训练法是指运动员有意识地在头脑中重现某种动作、技术或者运动情景,从而提高运动技能、增强心理调控能力的过程。

一个完整的表象训练过程主要包含以下四个程序。

（1）表象知识介绍。要求运动员充分了解运动表象,掌握其特点和作用等内容。

（2）表象能力测定。通过设置规定情景,对运动员的表象能力进行测定,从听觉、视觉等感觉的清晰性,情绪体验的深度,表象的控制能力等角度设置表象能力的等级,确定运动员的表象能力等级；根据其表象能力设定表象训练的目标和任务,制订表象训练的计划。

（3）基础表象训练。基础表象训练的目的是提高基础表象能力,为发展专项表象能力奠定基础,主要训练内容为提高感觉觉察能力训练、提高表象清晰性训练、提高表象控制性训练等,是整个表象训练中最重要的一个程序。

（三）放松训练法

在心理素质训练中,放松训练较为常用。而渐进性放松法则是放松训练的重要形式之一。渐进性放松法是指利用一定的方法和程序,使运动员的肌肉从局部到整体完全放松,进而消除其紧张心理,使其达到心理的放松的心理训练方法。渐进性放松法遵循一定的步骤,其肌肉训练顺序为上肢、肩、头部、颈、胸、腹、臀、下肢、脚,训练内容为先利用一定的引导语让各部位肌肉紧张起来,再利用引导语让各部位的肌肉放松下来,运动员在这个过程中必须认真体会肌肉紧张和放松的各种状态,进而实现心理放松的目的。

1. 准备姿势

练习者以最舒适的姿势放松坐在椅子上。

2. 训练过程

认真倾听下面的提示语,根据提示语的要求做相应的变化(注："……"代表停顿5秒钟)。

自然轻闭双眼,深呼吸三次……

紧握左手,紧握……认真感受左手的感觉……松开左手,放松……

再次紧握左手,认真感受这种紧张状态……再次紧握……松开左手,放松,想象左手受到的压力正在从手指上慢慢消失……

第五章　我国竞技体育后备人才培养的可持续发展

现在将右手紧紧握成拳头,握拳的同时感受手掌、手指、手臂的紧张状态……然后慢慢放松……

再次紧握右手,感受紧张状态……慢慢放松……

左手紧握,同时弯曲左臂,使二头肌紧张起来,保持这种状态……放松下来,想象这种紧张感从手臂慢慢流向手指,再慢慢从手指消失……

右手紧握,同时弯曲右臂,使二头肌紧张起来,保持这种状态……放松下来,想象这种紧张感从手臂慢慢流向手指,再慢慢从手指消失……

双手紧紧握成拳头,双臂弯曲起来,使双臂的二头肌都紧张起来,感受这种紧张……慢慢放松下来,想象紧张感从手臂慢慢流出,再慢慢从手指流出去……

用力皱眉,同时用力紧闭双眼,使额头和双眼紧张起来……现在放松,感受放松的感觉流过双眼……继续放松……

双唇紧闭,上下颌用力闭合在一起……现在慢慢放松下来……

现在,皱眉,用力闭眼,双唇紧闭,上下颌用力闭合在一起,抬高下巴,拉紧颈部的肌肉,体会这种紧张状态……现在慢慢放松下来,并认真体会这种放松的感觉……

用力向前耸肩,尽量将背部的肌肉向前拉,使背部的肌肉紧张起来,保持这种状态……好,现在慢慢放松下来,感受背部慢慢松弛下来……

再重复一次刚才的动作,同时用力收腹,使腹部肌肉紧张起来,保持这种状态……现在慢慢放松……

将肩背部动作和腹部动作结合起来再做一次,感受背部肌肉和腹部的肌肉被拉紧,保持这种状态,认真体会……现在慢慢放松……

现在,我们来进行一次系统练习。首先,做3次深呼吸……双手紧握成拳头,屈起双臂,使二头肌紧张起来,紧闭双眼,用力皱眉,抬起下巴,双唇紧闭,上下颌紧紧咬合在一起,向前耸肩,用力收紧腹部,完成上述所有要求,现在保持这种状态,感受身体各个部位所受到的紧张感……现在深呼吸,慢慢将气吐出来,同时身体各个部位全都放松下来,感受所有的紧张感慢慢从身体上消失……想象紧张感从身体的各个部位流出,放松,放松下来……

现在我们来做腿部的练习,将左脚脚跟靠近椅子,使劲下压脚跟,同时将前脚掌竖起,用力绷紧小腿和大腿的肌肉,感受小腿和大腿正在用力……好,现在慢慢放松下来……

再来做一次上面的练习,左脚脚跟用力下压,前脚掌抬起,小腿和大腿肌肉用力绷紧,感受肌肉的用力……放松下来……

现在将右脚脚跟靠近椅子,用力下压,前脚掌向上抬起,用力绷紧小腿和大腿的肌肉,感受腿部的用力……现在放松下来……

双脚脚跟都向椅子靠近,用力下压脚跟,双腿肌肉用力绷紧,感受这种紧张状态……好,现在慢慢放松下来……

现在,做3次深呼吸……然后来把上面的练习系统性的做一遍,按照双手、双臂、前额、双眼、下颌、颈部、双唇、肩膀、背部、腹部、双腿的顺序,依据上面的练习方法,使这些部位的肌肉都紧张起来,认真感受这种紧张状态……然后慢慢放松下来,使所有部位的肌肉都慢慢松弛下来……现在继续深呼吸3次,然后再将上面的练习重复一次,先紧张起来……然后慢慢放松……现在开始进行正常的呼吸,想象自己全身的肌肉都处于完全放松的状态,尽情享受这种放松。

(四)系统脱敏训练法

系统脱敏训练法是一种以渐进方式克服神经症焦虑的技术。其基本的操作原理是,当人的精神逐渐适应某种刺激时,对其的反应就不再敏感,机体也不再会因为精神受到刺激而进入紧张状态。

一般来说,系统脱敏训练主要包括以下程序。

1. 制定等级反应表

了解能够引起恐怖或者焦虑情绪的刺激,对这些刺激进行等级划分,并制作成等级表。

2. 放松训练

进行放松练习,每次进行6~10次的练习,练习的持续时间在30分钟左右;每天找1~2个时间段进行练习,目标是放松全身肌肉。

3. 分级脱敏训练

(1)放松。可以采用放松训练法展开这一步骤。

(2)想象脱敏训练,由引导者叙述能够对练习者产生恐怖或者焦虑刺激的场景,练习者想象引导者叙述的场景并逐渐适应场景的训练。

需要注意的是,这一练习需要在安静的环境中进行,每次练习持续的时间需要在1小时以上才算有效。同时,运动员还必须清晰地想象场景,不能逃避。引导者根据刺激的等级由低到高进行叙述,中途如果运动员出现无法忍受的状况,则退回到刺激等级较低的练习中重复练习,直到运动员能够接受更高等级的刺激。训练时间保持在4个小时以内为宜。

（3）适应训练。适应训练是指由最低等级开始到最高等级结束,运动员进行适应所有等级刺激的训练,并逐渐实现完全的心理适应。这一训练对于完善运动员的心理品质具有重要的意义。一般情况下,在适应训练中,针对每个等级的刺激的训练都要重复多次,直到对这个等级的刺激完全不敏感为止。适应训练的频率为每周1～2次,每次训练持续的时间在半个小时左右。当然,每一名运动员的情况都是不同的,可以结合自身的具体实际合理调整。

五、运动智能培养与训练

运动智能指的是运动员在运动训练或竞技比赛中运用基础和专项理论知识认识训练和竞赛的一般或特殊规律,并运用这些规律解决现实问题的能力。运动智能分一般智能和特殊智能两种类型,竞技运动人才所需的智能是一般智能和特殊智能中某些因素的有机结合,具体包括观察力、注意力、想象力、适应力、思维力、创造力及实际操作能力等。下面简要分析运动员运动智能的全面训练和智能训练的主要方法。

（一）运动智能的全面训练

1. 观察力训练

在竞技体育运动智能训练中培养与训练运动员的观察力时,主要采用思考法、任务法、游戏法等训练方法。根据实际情况选用相应的训练方法或将多种训练方法结合起来运用可取得良好训练效果。

2. 记忆力训练

运动摄像是提高运动员记忆力的有效方法之一。运动员在训练或比赛结束后通过观看录制的训练或比赛视频,分析与思考技术动作,可以加深对技术的理解和记忆,提高主动记忆能力。

3. 思维能力训练

培养运动员的思维能力要求在日常运动训练中加强对其思维的引导,鼓励运动员进行积极的思维活动,使其养成主动思考的习惯。

4. 注意力训练

在运动智能训练中培养运动员的注意力,首先要利用实物、器材、仪器等手段提高运动员集中注意力的能力,然后培养排除干扰的能力。排除内外干扰也是为了提高注意力的集中度。

5. 想象力训练

人的想象力从无意识到有意识,从抽象到具体,从模仿到自创不断发展,想象力经过训练与培养能够得到提高。在想象力训练中,引导运动员进行再造运动想象和创造运动想象,二者相互包含,所以要将二者结合起来,从而提高想象能力。

(二)运动智能训练的常见方法

1. 表象排练法

在运动智能训练中,运动员表象重现和想象自己感知的技战术,使第一、第二信号系统紧密结合,有利于形象思维能力与抽象思维能力并举相长。表象排练法具体有以下几种实施方法。

(1)听讲表象

听讲表象是教练员讲述正确动作方法,运动员在大脑中重述动作方法,并试图用笔画出动作过程。

(2)对比表象

对比表象是在大脑中对比分析错误动作与正确动作,找出错误的原因,确定纠正的办法。

2. 引进植移法

在头脑中对其他专项的先进理论、技战术打法进行分析、加工与改造,最终设计出适合本专项特点的理论、技战术打法,这就是引进植移法。引进植移法是运动智能训练中培养运动员思维创造力的重要方法,具体包括以下几种移植类型。

(1)理论植移

将成熟先进的训练理论有选择地运用到具体项目的运动训练或比赛中,指导专项训练或比赛活动。

(2)动作植移

借鉴非专项运动的技术特征,赋予专项的动作形态。

3. 求异创新法

求异创新法是培养运动员思维创造力的重要方法,常见的运用形式有以下几种。

(1)对比求异

对比两种以上类型相同但细节不同的技术,寻找共同点与不同点,深入认识细节,为在比赛中灵活运用技术奠定良好基础。

(2)组合求异

组合求异是通过不同形式的动作组合使技术更丰富,以此提高运动员的求异创新能力。

(3)改造求异

改造求异是指捕捉一些非正规但有实效的变异动作并加以改造,使运动员在比赛中使用这些动作达到良好的效果。

第四节　我国竞技体育后备人才培养的可持续发展对策

一、树立"以人为本"的观念,坚持走可持续发展之路

我国在竞技体育后备人才培养中,应树立"以人为本"的观念,尽快解决竞技体育后备人才培养中教练员、运动员、管理人员及其他相关人员的利益问题,在新形势下对后备人才的分配机制、奖励机制等进行科学制定与完善,切实解决青少年体育后备人才的日常生活、文化学习、

运动训练等问题。此外,还要考虑青少年的长远发展,在各类保险、升学就业、退役安置等方面予以保障,并将这些列入竞技体育后备人才培养的发展规划中,积极落实各项工作,消除后备人才自己及其家长的后顾之忧。

另外,在竞技体育后备人才培养中,要加强各项基础训练,淡化比赛名次意识。针对青少年运动员开展各项比赛,主要是为了对其训练情况、身体素质等进行检验,不能为了追求成绩而过早对青少年进行专业化训练,训练方面依然要以基础训练为主,为之后的专业化训练打好基础。评判青少年运动竞赛的结果时,要对参赛队员的年龄、参赛项目的性质、运动员的基本技能和赛场表现等各方面进行综合考虑,不要只关注参赛者之间的绝对优胜,避免在训练中出现拔苗助长的现象。对青少年运动员的培养应该是一个顺其自然的过程,只有走可持续发展之路,才能提高人才培养质量和青少年的成才效率,才有助于延长竞技体育运动员的运动生涯。

二、加大资金投入,改善培养环境

对于竞技体育运动及后备人才的发展来说,加大投入力度,优化培养环境是至关重要的。具体来说,要根据实际情况,适当增加资金投入,使运动训练的相关设施得到有效完善,营造更有利于运动训练开展和后备人才培养的良好环境。体育局及相关主管部门应通过调查等方式了解学校的办学条件、运动成绩、开展体育运动的积极性、影响力等相关指标,根据实际情况增加资金投入。

此外,教育主管部门、学校对竞技体育后备人才培养的重视程度也要进一步提升,积极扩展人才培养渠道,丰富人才培养的方法,改善当前条件,特别是从政策、资金等层面加大支持力度,使体育设施尽可能完善、齐全,不管是设施器材的数量还是质量,都要有所提升,从而满足后备人才培养的需求。另外,由于竞技体育运动的特殊性,运动损伤是难以避免的,因此,对于学校来说,提供较好的医疗条件也是人才培养中要解决的主要问题之一。培养单位要做好医疗保障工作,为竞技体育后备人才的安全训练与健康发展提供保障。

三、提升教练员的综合素养

竞技体育运动以及竞技体育后备人才的发展,都会直接受到教练员专业能力的影响,因此,从竞技体育事业发展的战略上来说,提升教练员的专业素养是非常值得关注的问题。加强对教练员的培养是现阶段我国培养竞技体育后备人才的重要任务之一,这关系到竞技体育的全方位发展和高质量提升。

具体措施有,组织建立教练员的多元培训机制,引进高水平教练人才,提高培训主体的能动性;打造有效的培养师资梯队,科学设置培训课程,将培训的整体性和关联性作为关注的重点。与此同时,还要对教练员考核制度进行完善,优化选拔聘任、竞争激励等培养机制,实现教练员专业化,职业化发展,最终打造具有较高理论素养、良好科研意识、扎实业务水平的教练员人才梯队,为竞技体育后备人才培养的发展创造良好的条件。

四、构建体教融合培养模式

体教融合是我国培养竞技体育后备人才践行的科学理念。随着体教融合理念的不断完善和社会的快速发展,学术界关于体教融合的表达方式越来越多,不局限于竞技体育领域,但目前体育后备人才的培养与发展依然是体教融合理念研究的主题与焦点。树立体教融合的体育人才培养理念,要对体育与教育的规律、原则等予以遵循与贯彻,对青少年后备人才的自主选择权予以尊重与强调,关注青少年后备人才的文化教育和科学训练,将人才培养的首要任务确立为促进青少年的全面发展,促进体育后备人才培养的可持续发展。

(一)体教融合的阐释

体教融合指的是体育与教育的融合,具体是指学校文化教育、体育教育与学校竞技体育人才培养的融合。这是我国培养优秀体育人才的重要指导思想与模式,在该模式下,竞技体育属于一种教育手段,以全面培养学生的健康体质和竞技能力为主,同时培养竞技体育人才又离不开教育这一载体。教育是人才培养的土壤,如果忽视教育,那么不可能培养出全面发展的体育人才。

将体育与教育简单相加并不是真正意义上的体教融合,从二元论出发将体育的价值取向与教育的价值取向叠加在一起也不能算作是体教融合。体教融合是体育与教育高层次、全方位的融合形式,将二者有机融合,需要从根本上做出多方面的改变,主要涉及教育思想、教育制度、教育价值观、教育功能观等方面。体教融合理念所追求的最高目标是人的全面发展。

体教融合的形成意味着要从根本上变革传统体育人才培养体系,包括对教育体系的变革。通过进行本质上的变革,使青少年体育后备人才既能接受学校文化教育,又能参加专业运动训练,还能接受有助于个人发展的社会机会。促进青少年体育后备人才(学生运动员)的全面发展是体教融合中"融合"二字的核心价值。要使青少年体育后备人才真正获得全面发展,就要将体教融合中的阻碍或体育系统与教育系统之间的隔阂最大程度地予以消除,既要预防体教分离,也要避免表面形式的体教结合,否则青少年体育后备人才就会被挡在教育大门之外,影响其文化水平的提升和全面发展,也影响其升学与社会化发展。

树立体教融合的理念,必须对传统的教育体系和体育后备人才培养服务体系予以改革,加快学校教育系统的重建,对体育系统与教育系统的资源进行优化配置,加强资源的重组与融合,对传统教学策略进行改进,满足青少年体育后备人才的文化学习需要和运动训练需要。

全方位贯彻体教融合理念,要积极促进目标融合、资源融合和措施融合,下面作简要分析。

1. 目标融合

体教融合的宗旨是促进青少年健康与全面发展,培养全面发展的体育后备人才。体育系统与教育系统应围绕这一宗旨,统一明确培养目标,使体育后备人才培养有明确的方向,并在目标引领下实现体育与教育的全领域融合、全阶段融合以及全方位融合。在目标融合中,要重点推动学校体育后备人才培养机制的健全与完善,对"以体育人"的功能和价值进行深入挖掘,并加强学校与社会之间的互动与合作,使教育系统中对青少年体育后备人才的培养获得社会各界的关注、支持和参与。

2. 资源融合

体育与教育的融合还要落实在资源融合中。要合力开发能够促进青少年运动员发展和竞技体育可持续发展的体育资源与教育资源,优化配置各类资源,促进资源共享,为体育后备人才的体教融合培养提供良好的资源条件,创设人才培养的优良物质环境,从基础上保障体教融合的高效运行和青少年体育后备人才培养的顺利开展。

3. 措施融合

体教融合理念最终都要在一个个具体的措施中贯彻落实,因此全方位深入贯彻体教融合理念,还必须加强措施融合。在体育系统与教育系统的措施融合中,要对学校体育的基础地位加以巩固,促进体校培养效能的提升,完善体教融合的组织体系与人才培养机制,在具体的可行性措施中开展各项可操作的具体工作,充分发挥普通学校、体校、俱乐部及社会组织在体育后备人才培养中的积极作用。

首先,进一步推进学校体育对体育后备人才的培养。

其次,深化体校与教育部门的合作,从文化知识、运动训练、道德培养等方面提升青少年后备人才的综合素养。

最后,深化体教融合改革,建立青少年体育俱乐部、培训机构,建立校企合作机制,为学生提供健康管理、技能培训等服务,推进体育、文化、教育等互融互通。

(二)体教融合的特征

体教融合的特征主要体现在体教融合下体育后备人才的培养体系中,具体体现在培养目标、培养主体和培养过程中。这几个方面的特征也是体教融合与体教结合相比所具有的独特性或优势。

下面具体分析体教融合的三个主要特征。

1. 培养目标的长远性

体教融合理念下,体育后备人才培养工作被纳入教育体系中,竞技体育人才的培养重任由教育系统承担,教育系统培养竞技体育人才的长远目标是为国家输送优秀的全面型运动员人才,短期目标是增强学生体质、促进学校文化建设、为学校争得荣誉。短期目标是为长远目标服务的。以往学校只重视短期目标,选拔有天赋的运动苗子组建运动队,强调学生多训练,尽快提高运动成绩;或特招运动员,提高学校运动队的实力,为学校争光,从而忽视了学生的文化学习,表现出急功近利的一面,导致体育后备人才培养无法实现可持续发展的目标。

2. 培养主体的唯一性

传统的体教结合培养理念包含教育系统和体育系统两个培养主体,两个主体虽然都是为培养人才服务,但毕竟属于不同的系统,双方之间存在一些利益矛盾,这对体育后备人才培养的顺利进行及竞技体育的发展造成了严重的阻碍。体教融合模式中只有一个培养主体,那就是教育子系统。该模式倡导在教育体系中融入体育后备人才培养计划,即教育系统要充分发挥主观能动性和育人价值,吸收体育系统的优势资源用于培养人才,体育系统作为辅助系统,为教育系统提供资源,在后备人才选拔、培养和教练员培训等方面出谋划策,提供指导。这样可以使两个系统权力与责任分明,减少利益冲突,防止出现传统培养模式运作中存在的互相推卸责任和利益冲突的现象。

3. 培养过程的科学性

在教育部门中融入体育资源,特别是融入优秀的教练员人力资源和科研资源,能够有效加速青少年体育后备人才的培养进程,提高培养过程的科学性与最终培养效果。教练员的专业水平和其他相关人力资源的配套程度直接影响青少年体育后备人才运动训练的科学水平。如果没有优秀的教练员在青少年体育后备人才的基础训练阶段对其提供科学指导,也没有高水平的教练员实施有效的训练方法,那么将会严重制约青少年运动员基础水平的提升。将高水平教练员融入教育系统来指导人才培养工作,能够使培养过程更加科学有效。

(三)体教融合对培养竞技体育后备人才的重要性

我国竞技体育运动的发展离不开体教融合,将体教融合落实在竞技体育后备人才培养实践中,要加强体育与教育的深层融合、多元融合,推动体育与教育的协同发展,共同培养优秀的竞技体育后备人才,早日

第五章　我国竞技体育后备人才培养的可持续发展

实现体育强国战略目标。具体而言,体教融合对培养竞技体育后备人才的重要性体现在以下三个方面。

1. 有利于促进后备人才的全面发展

要培养优秀的竞技体育后备人才,必须突破单一的培养模式,注重培养对象的全面发展。通过体育与教育的融合,促进人才培养中课内外活动的丰富、体育活动的多元、训练模式的创新,最终促进青少年健康水平和运动水平的提升。树立体教融合理念,要将青少年运动员与普通学生的差异淡化,使青少年运动员也能像非运动员一样正常学习,提高其文化知识水平和人文素养,这样能够使青少年未来发展之路更广阔。

2. 有利于提高后备人才培养的科学性

面向青少年的任何教育都要从青少年的身心特点出发来开展具体教育工作,这也是遵循教育规律的体现。从青少年身心发展的特征与规律出发提升其文化水平和运动能力,需要走体教融合之路。在体教融合理念下,学校通过不断优化师资队伍,提升师资力量水平,可以使青少年运动员的培养更科学、全面,更有实效性,最终促进青少年运动员综合素质的提升。

3. 有利于确立后备人才培养的相关制度与政策

体教融合强调同时发展体育事业与教育事业,对二者之间的关系予以强化,将二者之间的矛盾消除,积极建设竞技体育后备人才培养的管理体系,为体育部门和教育部门制定相关政策与出台相关规定提供思路与依据,并形成合力,共同推动新政策与制度的推行与落实。

加强体教融合,还要对教育与体育两大部门的职能予以优化与完善,共同建立竞技体育后备人才培养的监管机制,构建人才培养质量的评价体系,优化人才培养过程与提升人才培养效果,使相关制度与政策的优势与功能得以彰显和充分发挥。

(四)我国竞技体育后备人才体教融合培养模式构建的框架

1. 结构完整的培养目标

竞技体育后备人才体教融合模式的构建要建立在合理的分级培养目标的基础上,要保证整个系统运行的稳定性,因此必须充分发挥并整合体教两部门的优势,以资源互补的方式统筹规划竞技体育后备人才培养的总体布局。竞技体育后备人才体教融合培养目标应当是多层次的设定,使后备人才在向目标迈进的各个阶段可以根据自身的发展状况,结合内外部环境的动态变化,适时调整自己阶段性的目标,在无法达到最理想目标的客观现实下,及时改变目标路径。当前,我国竞技体育后备人才体教融合的培养目标大致可以划分为基础技能型、全面复合型和高端竞技型三个目标层。

2. 全面协调的领导体制

体教融合的培养是在体教两部门达成后备人才培养共同目标的基础上,充分发挥各自资源优势,适度调整各系统人才培养模式,基于互补和共赢的理念下共建的人才培养体系。从当前体教融合开展效果看,建议国家体育总局与教育部共同建立部、局级联席会议制度,定期商讨体教融合发展相关问题,下设体教融合工作机构,对全国体教融合发展问题进行宏观指导与实施监督,地方各级政府也应建立体教等相关部门的联席会议制度,负责各地体教工作的具体实施。

3. 谋横联纵的管理制度

无论是体育系统还是教育系统,其纵向垂直化的管理制度已运行了多年,虽效率较高,但单一性、片面性的人才培育模式无疑制约了后备人才综合素质的培养。近几年,越来越多的单位和地区采用"体教联办"的模式对运动员进行体教融合培养,由学校主管领导负责,由学校相关的教务、招生、学管等职能部门协同组成,全面负责和协调运动员的招生、文化学习、运动训练等工作,根据运动员学习和比赛的需要,定制教学计划,保障运动员的文化学习进度。网络化管理制度的实施促进了教育和体育部门核心优势的发挥,并在政府统一部署下共同负责、协商合作、力求双赢。管理制度的创新推动了后备人才培养的巨大变化。

4. 以点带面的训练体系

在体教融合下培养竞技体育后备人才,必须构建合理高效的训练体系。在基础教育阶段的竞技体育后备人才培养中,应当实施以体教融合为主的训练、学习双修的同步进程。竞技体育后备人才的训练体系应当在整体上构成多条通路,一是以体育系统管理为主、以体校为起点的培养高端竞技人才的专业队、俱乐部训练体系,兼顾社区俱乐部人才的培养,二是以教育系统管理为主的小学、中学传统项目学校到高校高水平运动队的"一条龙"训练体系。

多通路、扁平化、立体结构训练体系涵盖大多数体育运动爱好者、中层训练者以及高端的优秀运动员,训练网络覆盖范围更广,影响更深,从而为竞技体育后备人才的培养开辟了从起点到顶点更为优化的训练路径。

第六章
我国竞技体育产业的可持续发展

当前,我国体育产业蓬勃发展,并已经成为国民经济中一个新的经济增长点。其中,竞技体育产业以其独特的魅力在体育产业中占据着重要的地位,发挥着举足轻重的作用。竞技体育产业的发展与市场化运营对整个体育产业的发展及运营产生了关键影响,而且也为竞技体育事业的发展开辟了新的出路。本章就竞技体育产业的可持续发展进行研究,主要从竞技体育产业的基本理论、发展现状、竞技体育服务业经营管理、职业体育服务业的运营以及竞技体育产业可持续发展等几个方面展开。

第一节　竞技体育产业的基本理论

一、竞技体育产业的概念

竞技体育服务消费品的生产链条双向延伸、要素优化组合、三个效益统一的经济体系，就是所谓的竞技体育产业。换句话说，竞技体育产业就是以俱乐部为实体，以运动员的竞技表演为基本商品，以利润最大化为目的的经营体系。从竞技体育产业的概念可以看出，竞技体育产业是体育产业的重要组成部分，其在整个体育产业中居于主体地位。

二、竞技体育产业的体系构成

竞技体育产业作为体育产业的核心部分，对整个体育产业的发展具有重要的影响。具体来说，竞技体育产业的体系构成如图 6-1 所示。

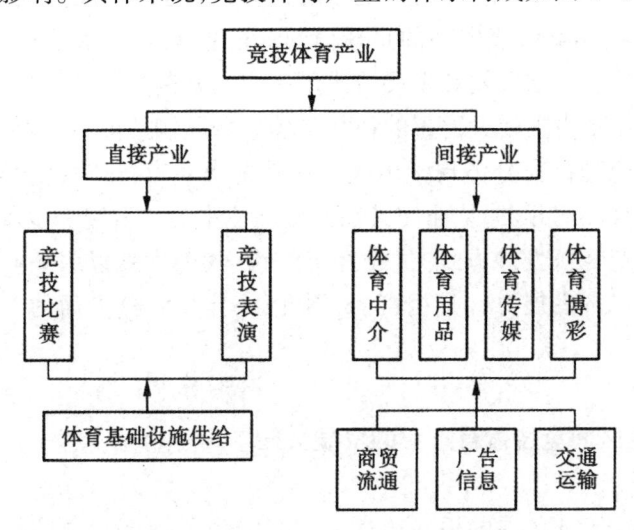

图 6-1　竞技体育产业的体系构成[1]

---

[1] 吴超林,杨晓生.体育产业经济学[M].北京:高等教育出版社,2004.

第二节 我国竞技体育产业的发展现状分析

当前,我国竞技体育产业蓬勃发展,并且呈现出了良好的发展势头。竞技体育产业投资和产值不断增加,体育资源日益丰富,经济效益和社会效益也有了不断的提升。然而,我国竞技体育产业的发展也因为一些因素的影响面临着几个突出的问题,这些问题严重影响了竞技体育产业的发展水平。具体分析如下。

一、竞技体育产业结构的合理性有待提升

在发展较为成熟的竞技体育产业中,竞技体育竞赛业往往处于核心地位,如欧美竞技体育产业中竞赛业就是居于主导的。但是对于我国的竞技体育产业来说,由于其兴起的时间较晚,运作的规范性较为欠缺,尤其是市场开发价值较高的足球、篮球联赛,其竞技水平相对较低,从而对产业的进一步开发和发展造成了一定的限制。除此之外,在我国竞技体育产业中占据较大比重的往往是体育用品制造业,这就使体育产业结构的不合理性充分体现了出来。这就要求对竞技体育竞赛业进行进一步有针对性地开发,从而使其在体育产业中的比重进一步增加。这也与我国转变经济发展方式、优化经济结构、大力发展以服务业为主的第三产业的经济发展方针是相符的,因此,一定要将这方面的工作高度重视起来。

二、地区间竞技体育产业的发展失衡

地区间经济发展的不平衡性往往是导致各地区竞技体育产业发展不平衡性的决定性因素。从竞技体育用品生产的方面来说,中国竞技体育用品的制造往往在东南沿海一带较为集中,其中福建省最为典型,很多体育用品的生产企业都汇集在此。而从竞技体育赛事方面来说,北京、上海、广州等往往是对市场开发价值较高、影响较大的赛事进行举办时的首选地区。

三、行业垄断设置壁垒

现阶段,我国竞技体育产业的发展仍然存在着市场化程度较低,市场机制运行不畅,行业垄断、地方保护、限制经营等问题。尤其对于某些运动项目来说,其管理中心等准行政机构往往会通过行政手段,来对项目市场进行分割和垄断,这就为社会力量进入项目市场建立起了过高的壁垒,成为项目市场无法得到进一步发展的主要限制因素。

第三节 竞技体育服务业经营管理

一、竞技体育服务业概述

(一)竞技体育服务业的经济特点

现代竞技体育服务业的经济特点较为突出,其具体表现在以下两个方面。

1. 规模大,耗资多

当前,生产的社会化、现代化和国际化逐渐成为我国社会经济发展的主要趋势。受此影响,体育领域中体育运动的规模、速度和竞技水平也相应地得到了不同程度发展。从运动竞赛的角度来说,不论是国际性、洲际性的运动竞赛,还是全国性、地区性的运动竞赛;无论是计划内的正规比赛,还是商业性的运动竞赛,都呈现出规模越来越大的特点与趋势。特别是在一些世界性的体育大赛中,其竞赛项目设置、参赛国家以及参赛运动员数量等都呈现出显著上升的趋势。

现代运动竞赛规模不断扩大,所设置项目及运动员人数也在不断增加,这就使得大型的运动赛事需要大量的资金支持才能顺利举办。通常情况下,用于大赛的资金主要有两个方面的用途:一方面是用来建设竞赛场地、设施,这部分资金所占的比重往往比较大;另一方面是用于对运动竞赛的组织,这部分资金所占比重相对要小一些。尽管举办大型赛事所需的费用较多,但是所获得的回报也是不可估量的。从整体上来说,举办大型的运动竞赛,不仅能够有效吸引全世界的关注,而且还能够对本国的形象进行积极的宣传,从而获得无法估量的无形资产。

2. 经费来源与经济实体的结合越来越密切

随着现代运动竞赛规模的不断扩大,对经费的需求的不断增加,单纯依靠政府的财政拨款已经不能满足开展大型运动竞赛的资金需求,因此,为保证现代运动竞赛的顺利开展,企业的捐赠和赞助,已成为筹措经费的重要途径。

由于运动竞赛具有独特性和无穷的魅力,因此竞赛的举办会吸引全世界的目光,这也是众多的商家企业愿意出资赞助运动竞赛的主要原因。由此可以看出,现代运动竞赛经费来源与经济实体的密切结合已成为竞技体育服务业的一个显著经济特点了。

(二)竞技体育服务业相关要素的分类

主体、运动赛事是竞技体育服务业的主要构成因素,依据不同的标准,可以对这两个要素进行不同类型的划分。具体分析如下。

1. 竞技体育服务业主体要素的分类

按照市场主体的不同,可以将竞技体育服务业的主体分为供给主体和需求主体两个方面。其中,供给主体包括体育赛事组织机器所属的运动员、教练员和经营管理人员等;需求主体包括观众、新闻媒体和相关的公司企业等。

第六章　我国竞技体育产业的可持续发展

2.竞技体育服务业竞赛要素的分类

（1）以赛事性质为依据的分类

按照赛事性质，可以将竞技体育服务业的赛事分为职业联赛、商业性体育比赛、各项目单项竞赛和综合性比赛以及社会体育竞赛。

（2）以赛事经营管理权限为依据的分类

按照赛事经营管理权限，可以将运动竞赛分为正规比赛、商业性比赛和群众性体育比赛等几个方面。

二、竞技体育服务业经营管理的内容

进入市场以后，我国竞技体育服务业运作资金的来源，一部分来自政府或社会的资助，其余资金需要赛事承办者通过自己的经营活动来获得。通常情况下，体育竞赛表演市场经营的内容主要包括以下几个方面。

（一）组织门票收入

作为运动竞赛资金来源的重要渠道，门票收入是非常重要的一个方面。奥运会、各大足球职业联赛、各单项体育运动赛事等无不如此。对门票收入产生影响的因素有很多，其中，社会经济发展水平、大众体育消费意识和门票价格的高低是最重要的因素。为了保证门票收入，要求各运动竞赛组织或部门在组织门票收入时，要注意以下几个方面：

首先，根据运动竞赛的级别和水平来设定门票价格。

其次，根据承办国社会经济发展水平来制定门票销售价格。

最后，以体育市场需求状况来选择合理的门票销售渠道。

（二）出售媒体转播权

大型运动竞技市场经营和管理的重要内容之一，就是媒体转播权经营，同时，其也是资金来源的一个重要渠道。由于现代大型运动竞赛竞技水平高，观赏价值大，对世界的吸引力较大，因此，往往有各国数亿甚至数十亿的电视观众关注这些赛事。一般来说，体育竞技媒体转播权包

括的内容主要有电视转播权、广播电台转播权和互联网转播权,其中,居于主导地位的当属电视转播权。电视转播权等媒体收入的不断增长,对竞技体育市场的发展和繁荣起到了非常大的刺激作用。从体育服务业发展趋势来看,媒体转播权经营在体育竞赛表演市场的经营中占据的地位会越来越重要。

(三)赞助与广告经营

赞助与广告经营也是运动竞赛经营管理的重要内容。运动竞赛可经营的广告业务包括的内容有很多,其中较为重要的有:运动竞赛赛场内外的广告牌,运动竞赛的秩序册、成绩册、赛场通信、各种宣传物品等。从经营形式来看,可以大致分为两种形式:一种是自主经营;另一种是委托中介公司代理。

从实质上来说,赞助与广告经营是广告特许权的经营,换句话说,就是为运动竞赛寻找广告赞助商的经营活动。各大企业力图通过赞助体育竞赛来提高知名度,促销自己的产品,赢得商业上的利益。体育竞赛表演具有独特的宣传效果,可以使企业通过赞助和广告实现宣传企业的目的,因此有众多企业为运动竞赛提供高额的赞助费用。

(四)发行运动竞赛纪念品

运动竞赛可开发的纪念品有很多,其中,比较主要的有各种纪念邮品(包括纪念邮票、纪念邮折、首日封、极限封等)、纪念磁卡、电话磁卡、纪念章、纪念金币、会徽、吉祥物造型等。对纪念品进行开发后,通过出售纪念品,获得的经济效益往往是比较可观的。

第四节 职业体育服务业的市场运营

一、职业体育服务业概述

(一)职业体育服务业的含义

要对职业体育服务业进行了解,首先要对职业运动员与职业体育有一定的认识。专门从事体育竞赛训练与表演,从中获取报酬,并以此作为生活来源的人,就是所谓的职业运动员。职业体育指的是遵循市场经济的基本规律,将职业运动员高水平体育竞赛及其相关产品作为商品来经营,从中获得经济利益的一种体育经济活动。

根据职业运动员与职业体育的概念,我们可以将职业体育服务业的概念界定为:由各种类型的职业体育俱乐部构成,以体育竞技、表演的方式向市场提供观赏型体育服务产品的组织机构与活动的集合体。

(二)职业体育服务业的特征

职业体育服务业是市场经济发展到一定阶段的产物,其具有如下几方面的特征。

(1)进入职业化运作的体育项目具有高度的技艺性与观赏性。
(2)拥有庞大的体育市场消费需求。
(3)有严密健全的体育经营集团或体育中介公司参与运作。
(4)建立了以营利为目的、以雇佣劳动为基础、以运动员高收入为导向的运作机制。

二、职业体育服务业经营的特征

职业体育服务业是体育与商业相结合的产物,它所从事的运作管理活动实质上就是把职业运动员高水平的体育竞赛表演及相关的产品作为商品来经营,从而获取经济利益。职业体育服务业经营的特点主要表现在以下三个方面。

(一)职业体育俱乐部是拥有必要的资产或经费的企业性法人实体

职业体育俱乐部是由投资者、经营者、管理者、运动员和教练员组成的有机整体,它有着自身经济利益的经济实体,这就决定了职业体育俱乐部应该是一个有独立管理机构和管理方式,实行企业式运作管理的独立经济实体和经营单位。在向协会登记注册后,职业体育俱乐部就享有法人的各项权利及义务。它需要在国家法律和规定范围内开展经营活动、参与竞争,在经济上自筹资金、自主经营、自负盈亏,并按国家有关规定上缴利润和税收,同时,其经营活动也受到法律的保护和约束。

任何体育俱乐部的投资者,其首要目标都是获取经济利益,追求利润的最大化,使资本在运作过程中实现不断增值。现代职业体育俱乐部的运作管理已经形成了企业化的运作管理方式,有效的运行机制也已得到了建立。对一个职业体育俱乐部的价值起决定性作用的是职业队的价值,与俱乐部签订工作合同的运动员则是职业队的价值来源。究其原因,主要是因为高水平运动员在比赛中表现出来的高竞技水平能够对更多的体育消费群体构成吸引,能够吸引更多的赞助商来赞助,从而获得更多的门票以及电视转播收入,进而促进俱乐部经济效益的提高。

(二)以体育竞赛为媒介将竞技体育服务作为商品进行生产经营

竞技体育服务作为一种体育商品,其运动员在对抗中表现出来的运动技能、人格魅力及营造的赛场氛围等都对体育消费者消费需求的产生起到了刺激作用。而职业体育俱乐部的运作管理正是通过运用各种手段来提高运动员的运动技能,改善竞赛活动的组织工作,使竞赛表演体育服务产品成为体育消费者的消费对象,从而提高经济效益和社会效益。所以,对职业体育服务业的运作管理效果起决定作用的,往往是其能否最大限度地为体育消费者提供优质体育商品服务,从而使体育消费者的心理需求得到充分满足。

三、职业体育服务业经营管理的模式~~以职业体育俱乐部为例

(一)职业体育俱乐部经营管理的组织结构

通常情况下,职业体育俱乐部都有自己的组织结构。具体来说,组织机构是一个能承担民事责任的、具有法人资格的经济实体。职业体育俱乐部的组织结构通常是由董事会和一些职能部门组成的。俱乐部主席对俱乐部董事会进行领导,俱乐部总经理对俱乐部中的职能部门实行管理,并直接对董事会负责。另外,俱乐部通常还会设置宣传公关部、市场开发部等一些主管具体业务活动的职能部门。这些部门有明确的分工,部门之间有密切的联系。

(二)职业体育俱乐部的人员管理

职业运动队是职业俱乐部社会和经济效益的重要来源,因此可以说,职业运动队既是职业体育俱乐部的基础,又是职业体育俱乐部的核心。对职业运动队的管理主要以合同制为主。

合同制是指聘方和受聘方通过契约的形式确立的双方之间的劳资关系,合同中明确规定了相关的责、权、利,其契约具有法律效力。合同制是对职业体育俱乐部相关人员进行管理的主要手段。职业合同是构成所属协会、俱乐部之间关系的法律基础。通常情况下,职业体育俱乐部和职业运动员所签的合同中,主要内容有运动员的工作内容、工资、体格检查、差旅费用、纪律要求等;而和职业教练员所签的合同中,主要内容包括工作内容、薪水标准、任期目标、任职期限等。

第五节　我国竞技体育产业可持续发展的策略

一、优化竞技体育产业的发展环境

（一）克服有效需求不足的障碍

在竞技体育产业方面，近年来有个问题就是潜在需求和有效需求不足，尤其有的项目的吸引力不足，比赛时看台上空空如也，已发掘的引导性消费需求运行起来较为艰难。但是，由于我国人口基础大，中青年人口规模依旧可观，收入和可任意支配收入增长较快，只要人们对竞技项目抱有兴趣，那么体育产业市场有效需求不足的障碍必然会逐渐降低。为此，在保持经济快速增长，通过政策（如税收）增加居民收入尤其是可任意支配收入前提下，可以通过媒体和舆论对人们的消费观念和生活方式进行引导。

（二）规范竞技体育主体、体育行业组织的行为

竞技体育组织作为企业性质的法人，其一言一行都要符合国家各项法律规定，尤其是经济方面的法律规范，做到诚信经营、依法纳税、明晰产权并履行相应的责任与义务，要有社会责任感，同时要有职业意识，明确与竞技运动员的契约关系，对运动员进行道德教育，培养和提高竞赛技能。作为竞技体育赛事的组织者和各会员企业的权威性组织，足球协会、篮球协会等组织是非营利性的社会团体。发展竞技体育产业，要充分发挥这些组织所具有的不可替代的功能。在各项目俱乐部中，要绝对认同和遵守相关的协会章程、赛事组织、竞赛规则等条文条例，当俱乐部之间产生摩擦，运动竞赛受到破坏时，协会要有足够的处理能力和协调能力。此外，不管是什么样的运动项目，组织协会进行工作的出发

第六章 我国竞技体育产业的可持续发展

点和永恒的主题都是如何提升比赛的观赏性,吸引更多的关注。

因此,各项目的组织协会与体育主管部门的行政隶属关系要逐步分离,以保证这些组织对各俱乐部负责,对广大关注者和职业运动员负责,之后要对政府负责。而地方政府、体育局等部门同竞技项目协会的关系,主要依靠法律和政府规制来维持和加以规范。比如当职业运动员参加俱乐部比赛和其他比赛发生冲突了,那么协会应该事先或及时地加以协调,政府则要尊重其独立性和决策权。如果组织协会没有科学的规则,没有权威性,功能不齐全,就会影响到竞技项目市场需求的稳定性和持续性,往大了说也会影响到我国竞技体育产业化的发展。

二、培育竞技体育市场

从国内外竞技体育产业发展较为成熟的城市来看,具备高水平的往往是一到两个运动项目,这既是社会文化、人文习惯等环境因素所造成的,也是社会资源有效配置这一规则的要求。在竞技体育的有效需求尚未发展到一定规模时,竞赛项目较多,各个项目都会缺乏需求的支撑,竞赛经营者便无法实现投入产出的平衡,专业化和规模化的发展就无从谈起。在这方面,体育市场向全社会打开,城市政府主管部门要把握好机遇,将社会资源和有限的财政资源集聚在一两个竞技项目上,把这一两个项目打造出精品赛事,促使这些竞技项目在市场上形成更大的供需规模,发展出更高的层次。

三、提升竞技体育市场的潜在商业价值

我国竞技体育的有效需求均量不大,相关配套服务的市场需求也相对稳定,因此,竞技体育项目的产业化发展不能全面布局,与竞赛项目有关的中介服务也不宜贸然增长。比如,观众想看中超联赛,可以去网上直播,也可以看中央电视台体育频道,还可以看省市级电视频道,此外还有大批媒体对比赛进行报道。这样,在赛场、电视转播、广告中介和赞助商合作等环节,商业价值和收入都被这些媒体所瓜分了,均难以超过各环节的经营成本或降低了机会成本,导致各方都不太满意。

因此,要对竞技体育与相关产业的资源进行整合,重点是控制商务作用方的数量,尤其要减少相同服务主体的数量,根据竞技体育市场与产业的发展过程,积极引导更多的相关服务企业进入该领域。在这方面,市场自发的力量和政府的引导力同样重要,具有独特的作用。

第七章
可持续发展视域下我国竞技体育与其他体育事业的协同发展

在可持续发展理念下，我国竞技体育的发展要处理好与其他体育事业的关系，其中最为重要的是要处理好与群众体育和学校体育的关系。竞技体育、学校体育、群众体育是我国体育事业的三个重要组成部分，在实践中处理好竞技体育与其他两者的关系，实现协调发展，对我国竞技体育的进一步发展以及推动我国体育强国建设至关重要。本章主要在可持续发展视域下探讨我国竞技体育与群众体育、学校体育的协同发展。

第一节 竞技体育与学校体育、群众体育的关系

一、竞技体育与学校体育的关系

在我国体育中,学校体育和竞技体育都是重要的内容,二者具有非常密切的联系,对我国体育事业的快速发展有着非常重要的意义。学校体育能够为竞技体育提供源源不断的新鲜的血液,竞技体育则能够对学校体育的发展形成激励,二者相互促进,共同为我国体育事业的发展做出重要贡献。

(一)学校体育能够为竞技体育提供优秀人才

学校体育活动能够发掘出一些具有体育潜力的优秀人才,为国家体育事业发展的补充能量。而如果没有学校体育的大力发展与普及,不仅运动员的补充会大大减少,人们对竞技体育的了解与热度也会大大降低,竞技体育的发展也难以快速前行。所以,学校体育与竞技体育的任务与目的进行积极配合,学校体育为竞技体育提供了一定的补充,输送了大批优秀人才,为中国体育事业的快速发展奠定良好的基础。

(二)竞技体育能够激励学校体育不断向前发展

信息化时代,通过借助互联网平台便能够迅速了解全世界的实时信息,其中就包括竞技体育比赛信息,这为竞技体育的传播打下了基础。例如,韩国平昌冬奥会上武大靖夺得金牌的信息便是通过互联网被众人所熟知。竞技体育比赛中运动员高超的技艺也是一场令人咋舌的精彩表演,作为一场不输于电影视觉盛宴,其魅力深深打动着每一个观众。也正是如此,人们对于竞技体育比赛关注度越来越高,包含在校学生在内的各群体成为其粉丝。在竞技体育的影响下,在校学生对体育活动的

第七章　可持续发展视域下我国竞技体育与其他体育事业的协同发展

兴趣逐渐形成并变得日趋浓厚,很好地促进了学校体育的发展。

此外,在体育竞技全球化背景下,运动员代表自己的国家参加比赛,运动员运动水平的高低成为一个国家综合实力强弱的重要反映。由此,国家对体育事业的发展也变得更加重视,而学生又是国家的未来,学校体育自然被重视,被国家大力推崇,这极大地加快了我国学校体育前行的步伐。

二、竞技体育与群众体育的关系

(一)竞技体育能够增强群众运动意识

随着现代社会经济的快速发展,群众体育观念得到了不断更新,人们对体育有了全新的认知,并逐渐意识到,通过进行适量的运动,在使身心得到放松的同时,也能够消除疲劳和调节精神。同时,在奥运会的影响下,群众体育呈现出旺盛的生命力和勃勃的生机。

另外,随着城市化进程的加快和社会结构的转型,人们有更多的时间和条件投入到健身运动之中。显然,社会的发展和经济的增长都为体育运动的普及和体育消费水平的提高提供了必要性和可能性。这也为我国体育事业的进程起到加速作用。

(二)竞技体育项目的多样性丰富了群众体育的内容

如今,随着竞技体育的发展和人们体育观念的改变,一些竞技体育项目逐渐被人们所接受,并得到普及,成为群众体育的重要内容,如帆船、网球、击剑、跆拳道等。也正因如此,群众体育活动的内容和形式变得更加丰富多彩。不同形式的体育活动,激发群众的运动热情,参与体育锻炼的人数日益增长,切身感受体育运动所带来的陶冶情操和娱乐效用,也使得人民文化生活的丰富程度和体质健康状况有了明显的改善。

(三)群众体育的发展为竞技体育提供人力基础

随着群众体育日渐受到大众的喜爱,越来越多的人开始主动参与其中,这也能够从中筛选出一些满足各项目要求,且先天条件优越的人才加以培养。同时,群众运动的热潮又发展了大批有观赏需求、观赏能力的观众,从而给高水平的竞技运动以良好的发展氛围,进一步促进竞技体育项目的繁荣和发展。

(四)群众体育的发展能够促使竞技体育市场不断壮大

对于竞技运动来说,体育市场成为其得以更好发展的重要前提条件。比如,骑马、自行车、游泳等这些竞技项目,都是来自日常人们的健身休闲活动。由此可见,群众体育开展得越好,越广泛,氛围越好,那么投入竞技体育市场的可能性就会越大,人们越喜欢观看高水平竞技比赛,那么在竞技体育方面的消费积极性就会越强,从而为竞技体育的发展提供了一个更加广阔的市场。

第二节 我国竞技体育与学校体育的协同发展

一、确立改革理念

改革是我国体育事业不断向前发展的动力,因此,只有完善的改革理念才能为此提供保证。为了更好地处理竞技体育与学校体育的关系,就必须要确立健康发展的思想观念。促进全民健康,培育高端人才,这是我国体育事业追求的目标,也是国家富强的基础。

竞技体育与学校体育的改革完善应在此基础上,制定符合各层次人民发展要求的措施,促使竞技体育与学校体育齐头并进,为祖国的发展、人民的进步发挥自己应有的力量。

第七章 可持续发展视域下我国竞技体育与其他体育事业的协同发展

二、构建协同创新发展政策体系

竞技体育与学校体育的协同创新发展，必须要有相应的政策来予以保证。因此，各级政府必须担负起政策目标制定、政策执行监督、政策工具选择、政策实施路径选择的责任，要保证政策目标得到合理实施，使政策真正得到贯彻落实。

对于竞技体育与学校体育的协同创新发展的相关政策而言，其得以执行的主体是学校、各种形式的体育训练机构、竞技体育训练队等。在政策制定的过程中，政府要充分考虑这些主体，既能够保证资源和利益在这些主体之间得到共享和合理分配，又能够对其实施过程中的风险进行强化管理。

具体来说，这些政策要包括：

（1）资源共享政策：包括体育场馆建设政策、运动员选拔管理政策、教练员和教师人才流动政策。

（2）激励政策：包括即学校体育组织优先建设政策、各种体育活动的奖励政策等。

（3）风险管理政策：包括相关协同发展的法律法规建设、体育活动开展过程中的安全设施建设、业余训练的法律法规建设等。

三、构建协同发展机制

（一）互惠互利

互惠互利是实现竞技体育与学校体育协同发展的首要问题。从本质上来说，竞技体育与学校体育的协同创新发展是一个共生过程，通过共生产生利益，这是协同发展的本质特征。在此其中，竞技体育与学校体育的协同创新发展的基础就是合理分配利益，只有坚持互惠互利，才能二者的积极性得到充分激发，才能够使协同共生机制实现进一步发展。

（二）因地制宜

在构建竞技体育与学校体育二者协同创新发展机制的过程中,要充分考虑当地的自然条件和社会条件,要有利于它们之间资源、信息、人才的交流。只有做到了因地制宜,才能够实现二者在协同创新过程中各要素之间、各环节之间有效的沟通互动,最大程度的体现二者协同发展的优势。

第三节 我国竞技体育与群众体育的协同发展

一、创新体育发展观念,树立协同发展理念

中国体育事业的发展必须要协同发展竞技体育与群众体育,这就需要体育人员不断创新体育发展观念,树立系统发展理念。一方面,要充分认识到二者协同发展的重要意义,并将二者协同发展的政策充分贯彻与落实;另一方面,要着力处理好地方行政管理与体育社会化的关系,注重体育社会效益以及体育经济效益的协调与平衡,有效应对地方体育发展单位以及社团与社会的关系,促进人们精神生活与物质生活的平衡与统一,为竞技体育与群众体育的协调发展做好思想保障。

二、改善群众体育发展环境,为竞技体育的发展奠定基础

（一）大力建设体育场地设施,满足群众的基本需要

在全民健身活动开展得如火如荼的今天,社会体育公共服务体系也逐渐得以完善。在该体系中,体育场馆设施居于基础地位,发挥着最基础的物质保障作用,因此必须集中力量改善群众体育发展中的体育场地设施条件,充分满足人民群众日益增长的体育锻炼需要。具体要做好以

第七章　可持续发展视域下我国竞技体育与其他体育事业的协同发展

下几项工作。

第一,要尽量面向全社会免费开放一些体育部门、事业单位及学校的体育场馆,使人民群众有更多的机会去专门的场地锻炼。

第二,营利性体育场馆要提高服务水平和服务质量,加强规范化管理,吸引人民群众到场馆中消费,使人民群众在场馆内得到专业指导。

第三,政府部门要在资金投入上加大力度,积极建设体育场地设施,并对社会上兴建体育设施的合法合理行为进行政策上的支持与鼓励。

第四,在体育场地设施的建设上融入科技元素,如大数据分析、人工智能等,提供科技支持,提高场馆设施的智慧化水平,借助科技手段对人民群众的体育爱好进行识别,对群众的锻炼需求进行准确把握,为其定制个性化运动处方,提高公共体育服务水平。

第五,加强对体育物质资源的管理,完善配套的监督管理政策与制度,优化公共体育服务系统,以人民群众的真正需要及社会发展的新要求为依据对公共服务系统进行改革与更新,在系统中增设反馈机制,接受广大人民群众的监督,真正为民服务。

(二)弥补群众体育发展的短板,促进均衡发展

要推动群众体育的协调发展,就要先弥补短板,因此对农村及经济落后地区体育的发展问题予以解决是首要任务。在这方面需要做好以下工作。

第一,在乡村振兴的大政方针下,优化农村公共体育服务体系,提高体育资源供给力度。

第二,在"亿万农民健身活动"背景下落实全民健身政策,广泛开展全民健身活动,加强农村体育硬件设施建设、体育精神文明建设。

第三,农村体育的发展离不开政府的支持,要依托政府的力量,发挥政府的宏观调控职能,促进体育资源的优化配置和城乡体育平衡发展,使农民和城市居民享有相同的资源条件,保护农民平等参与体育锻炼的权利。

第四,对于国家层面的扶贫政策,要在地方大力践行与落实,提高扶贫的精准度,解决贫困地区的经济发展问题,从而为贫困地区体育的发展提供良好的基础条件。

(三)培养优秀的社会体育指导员,科学指导全民健身

社会体育指导员是体育发展中非常重要的人力资源,他们所发挥的作用举足轻重,因此必须重视对这类资源的优化培育,使其在群众体育及全民健身中发挥自身价值,提高群众体育活动的开展水平。

第一,高校发挥高等教育资源优势来培养社会体育人才,同时社会上也要设置专门的机构来进一步培训社会体育指导员。要创造良好的培训条件和培训环境,合理设置培训内容,优化选择培训手段,提高培训质量,促进社会体育指导员专业素质的提升。

第二,对于已经取得资格证书的社会体育指导员,要加强再教育与再培训,提高社会体育指导员的等级,增加高级指导员队伍人数,使社会体育指导员的专业知识更牢固,实践技能更熟练,并对社会体育领域的最新信息有所了解,能够根据社会体育发展的新动态来指导人们参加社会体育活动。

第三,鼓励社会体育指导员到群众体育发展落后的地区发挥自己的价值,改变落后地区的体育发展面貌。

第四,社会体育指导员要在实践指导中大力宣传科学健身的知识与方法,指导人们掌握正确的多样化的锻炼方法,做好安全保护工作,预防意外损伤的发生,提高锻炼效果。

(四)重视社会体育组织建设,加强管理

社会体育组织在群众体育发展中发挥着非常重要的作用,其对扩大群众体育活动的开展范围、宣传普及全民健身活动具有重大意义。因此,加强对社会体育组织特别是基层组织的建设,并加强对这类体育组织的监督与管理非常必要。这需要重点做好以下工作。

第一,政府要充分发挥自身职能,对社会体育组织建设的相关政策与管理制度予以制定,将社会体育组织的目标、任务、功能明确下来。

第二,为促进社会体育组织的规范化发展,要在登记注册、备案制度等方面加强管理,但也要适当降低门槛,对基层体育组织的兴办予以鼓励,为基层组织发挥功能作用提供良好的环境与空间。

第三,政府体育部门与体育社会组织要加强沟通与交流,建立起一

个网络体系来共同推动群众体育的发展。

第四,政府应在适当范围内、采取科学方式、按照正规程序向社会体育组织购买公共体育服务,科学评估公共体育服务产品的质量,加强质量管理,促进社会体育组织提高公共体育服务水平。

三、优化体育资源配置,增强体育文化软实力

优化体育资源配置,增强体育文化软实力是促进竞技体育与群众体育协同发展的又一重要途径。一方面,要在地方特色体育的基础上,整合当前的体育资源,并对这些资源进行优化配置,充分发挥体育资源的价值,宣扬体育竞技体育精神,促进群众体育发展,在群众体育的基础上,推动竞技体育不断进步;另一方面,要对体育精神加以弘扬,提高国民体育锻炼认同感,增强我国体育文化软实力,更好地推动我国体育事业不断发展和进步。

参考文献

[1] 吴贻刚,辜德宏,浦义俊.中外竞技体育发展方式及政府职能研究管理体制、政策与投资[M].上海：上海人民出版社,2021.

[2] 韩鲁安.基于循环经济理论创新竞技体育发展方式的研究[M].北京：经济日报出版社,2017.

[3] 杨国庆,彭国强.迈向体育强国新时代中国竞技体育发展研究[M].北京：人民体育出版社,2021.

[4] 方媛.实力提升与话语突围之思中国竞技体育发展研究[M].北京：中国纺织出版社,2023.

[5] 齐华,徐起麟,宫立红.运动生理学对竞技体育的训练指导[M].长春：吉林大学出版社,2018.

[6] 万炳军.青少年运动员竞技训练风险的应对研究体育教育训练学[M].北京：北京体育大学出版社,2021.

[7] 王潇寒,高山桂,马昆.竞技体育基础体能训练方法研究[M].长春：吉林大学出版社,2016.

[8] 王保成,杨汉雄.竞技体育力量训练指导[M].北京：人民体育出版社,2001.

[9] 陈发源.体育理论竞技能力训练法[M].西安：西安工业大学出版社,1991.

[10] 中国体育科学学会.我国竞技体育可持续发展的科学思考[M].北京：北京体育大学出版社,2009.

[11] 阳艺武.竞技体育后备人才培养可持续发展运行机制研究[M].武汉：武汉大学出版社,2018.

[12] 肖林鹏.中国竞技体育资源调控与可持续发展[M].北京：北京体育大学出版社,2006.

[13] 田麦久. 运动训练学 [M]. 北京: 高等教育出版社, 2017.

[14] 郭斌, 颜彤丹, 刘翔. 体育运动训练理论与实践指导 [M]. 北京: 人民日报出版社, 2017.

[15] 周李莉, 郭福江, 尹亚晶. 体育运动训练与健身实践研究 [M]. 北京: 人民日报出版社, 2016.

[16] 张颖. 现代运动训练分析与常见项目实践指导 [M]. 北京: 中国水利水电出版社, 2016.

[17] 王琳, 薛锋. 运动训练理论研究 [M]. 北京: 中国社会科学出版社, 2014.

[18] 钟敬秋. 区域体育产业发展评价与优化战略 [M]. 北京: 中国水利水电出版社, 2020.

[19] 吴超林, 杨晓生. 体育产业经济学 [M]. 北京: 高等教育出版社, 2004.

[20] 惠棠, 贺晓东, 杨开忠. 经济结构的理论、应用与政策 [M]. 北京: 中国社会科学出版社, 1991.

[21] 安丽娜. 竞技体育理论教程研究 [M]. 北京: 中国纺织出版社, 2016.

[22] 汪军. 运动生理学 [M]. 北京: 北京体育大学出版社, 2016.

[23] 肖涛, 孔祥宁, 王晨宇. 运动训练学 [M]. 重庆: 重庆大学出版社, 2016.

[24] 邓树勋, 王健, 乔德才, 郝选明. 运动生理学 [M]. 北京: 高等教育出版社, 2015.

[25] 乔德才. 运动人体科学基础 [M]. 北京: 高等教育出版社, 2012.

[26] 张先锋. 田径运动训练理论与实践 [M]. 长春: 东北师范大学出版社, 2012.

[27] 张瑞林. 体育管理学 [M]. 北京: 高等教育出版社, 2008.

[28] 刘远祥. 体育产业结构优化研究 [M]. 济南: 山东大学出版社, 2015.

[29] 钟天朗. 体育服务业导论 [M]. 上海: 复旦大学出版社, 2008.

[30] 杨桦, 李宗浩, 池建. 运动训练学导论 [M]. 北京: 北京体育大学出版社, 2007.

[31] 孙登科. 运动训练学 [M]. 北京: 北京体育大学出版社, 2006.

[32] 马冬梅. 运动训练学基础 [M]. 北京：北京体育大学出版社, 2005.

[33] 王家宏, 姚辉洲. 运动训练 [M]. 桂林：广西师范大学出版社, 2009.

[34] 赖爱萍. 运动生理学基础 [M]. 杭州：浙江大学出版社, 2012.

[35] 武桂新. 简明运动生物化学 [M]. 重庆：重庆大学出版社, 2017.

[36] 赵焕彬. 运动生物力学 [M]. 北京：高等教育出版社, 2008.

[37] 胡亦海. 竞技运动训练理论与方法 [M]. 北京：人民体育出版社, 2014.

[38] 张丹. 我国竞技运动员培养体系的研究 [D]. 武汉体育学院, 2008.

[39] 于振峰. 新时期我国竞技篮球项目后备人才培养研究 [M]. 北京：北京体育大学出版社, 2012.

[40] 郑伟. 论竞技能力 [M]. 北京：中国科学技术出版社, 2005.

[41] 李明, 曹勇. 体育运动心理训练理论与实践 [M]. 北京：中国地质大学出版社, 2015.

[42] 魏歆媚, 刘东锋. 新时代中国体育的三驾马车：竞技体育、社会体育与学校体育 [C]// 中国体育科学学会. 第十二届全国体育科学大会论文摘要汇编——专题报告（体育社会科学分会）, 2022：401-403.

[43] 刘仲豪, 张予南, 陈健. 学校体育、社会体育与竞技体育相融问题审思 [J]. 体育科技文献通报, 2018, 26（06）：143-145.

[44] 韩松军. 新时期我国竞技体育学校体育与社会体育互动研究 [J]. 体育世界(学术版), 2015（03）：11-12.

[45] 张兵. 学校体育、社会体育、竞技体育三者关系的理论探讨 [J]. 太原教育学院学报, 1998（03）：42-45.

[46] 应尼火, 晨晖. 学校体育、社会体育和竞技体育三者关系的实践调节设想 [J]. 台州师专学报, 1995（03）：76-80.

[47] 张子健. 我国体育跨学科知识交流研究 [D]. 南昌大学, 2022.

[48] 王少宾. 我国群众体育与竞技体育全面发展的指导思想研究 [D]. 河南大学, 2015.

[49] 王燕桐. 论我国竞技体育与群众体育的和谐发展 [D]. 华中师范大学, 2006.

[50] 刘刚, 孙吉成. 田径教学训练与改革研究 [M]. 北京：新华出版

社,2017.

[51] 孙南,熊西北,张英波.现代田径训练高级教程[M].北京:北京体育大学出版社,2019.

[52] 美国田径协会(USATRACKFIELD)著;(美)威尔·弗里曼(WILLFREEMAN)主编;李志宇译.美国田径协会田径训练教学指导[M].北京:人民邮电出版社,2020.

[53] 李伟亮,潘永兴.拳击[M].长春:吉林出版集团有限责任公司,2008.

[54] 郑风家,岳言.棒球[M].长春:吉林出版集团有限责任公司,2008.

[55] 第29届奥林匹克运动会组织委员会.棒球[M].北京:北京体育大学出版社,2007.

[56] 王薇,黄德彬,轩志刚.球类项目教学与运动训练[M].长春:吉林人民出版社,2021.

[57] 樊文刚,李建伍,袁春泰.球类运动教学与训练[M].北京:中国商务出版社,2009.

[58] 虞重干.专项训练——球类运动[M].北京:高等教育出版社,2003.